此课题获得青海省人民政府首届教学成果奖

作文五步法

马明全　苏惠萍　著

中国民族文化出版社

北京

图书在版编目（CIP）数据

作文五步法/马明全，苏惠萍著. -- 北京：中国民族文化出版社有限公司，2025.1
ISBN 978-7-5122-1844-4

Ⅰ.①作… Ⅱ.①马… ②苏… Ⅲ.①作文教学-教学研究 Ⅳ.①H09

中国国家版本馆CIP数据核字（2024）第003567号

作文五步法
Zuowen Wu Bu Fa

作　　者	马明全　苏惠萍
责任编辑	何敬茹
责任校对	孙　洋
出 版 者	中国民族文化出版社　地址：北京市东城区和平里北街14号
	邮编：100013　联系电话：010-84250639　64211754（传真）
印　　装	武汉鑫佳捷印务有限公司
开　　本	787mm×1092mm　16开
印　　张	13.75
字　　数	217千
版　　次	2025年1月第1版
印　　次	2025年1月第1次印刷
标准书号	ISBN 978-7-5122-1844-4
定　　价	88.00 元

版权所有　侵权必究

目 录

第一章 思考作文教学的意义和价值 ... 001
  作文教学的重要性 ... 002
  作文教学的现状 ... 003
  传统作文教学存在的问题 ... 006
  为什么要有作文教学 ... 009
  作文五步法的介绍 ... 011

第二章 作文五步法具体步骤的详解 ... 015
  "一读" ... 016
  "二话" ... 021
  "三练" ... 026
  "四改" ... 038
  "五评" ... 046

第三章 作文五步法在不同年级的应用案例分享 ... 053
  小学阶段作文五步法的应用案例分享 ... 054
  初中阶段作文五步法的应用案例分享 ... 093
  高中阶段作文五步法的应用案例分享 ... 111

第四章 头脑风暴 ... 147
  "一读"环节中的头脑风暴 ... 148
  "二话"环节中的头脑风暴 ... 149
  "三练"环节中的头脑风暴 ... 150
  "四改"环节中的头脑风暴 ... 153

  "五评"环节中的头脑风暴 156
  头脑风暴实例 160

第五章　作文写作中的思维导图 167
  小学阶段记叙文的思维导图 168
  小学六年级升学试卷作文思维导图 170
  中考语文试卷作文解析思维导图 174
  全国高考语文试卷作文思维导图 179

第六章　怎样在教学实践中解决问题 195
  解决教师不会教写作的问题 196
  解决学生对写作不感兴趣的问题 199
  解决学生缺乏创造力的问题 201
  解决学生语言表达能力较差的问题 202
  如何科学应用作文五步法 203

参考文献 208
后记 209

第一章

思考作文教学的意义和价值

作文教学的重要性

众所周知，写作是语文学科的重要组成部分，而在中小学生学习语文的过程中，作文教学的开展对他们的语文学习有着重要的意义。因为写作可以提高学生对语言规范的掌握程度，培养学生的语言综合运用能力，也是学生学以致用的有力支撑。优秀的语文教师在教学中必须重视作文教学的重要性。

首先，写作是语言表达的重要途径。写作需要从语言、思维、文化、逻辑四个方面综合运用各种语言知识，并且不能脱离实际情境。学生通过写作的过程，可以反复地练习语文知识的运用，从而更好地掌握语文知识，提高语言表达的准确性和流畅性。写作需要动脑筋，需要思考，需要整合各方面的知识，培养学生的思维能力。写作是学生个人思想、感受和知识的输出，写作过程中学生需要不断推敲、修改，这需要学生对语言和思维高度把握。因此，写作训练有利于提高学生的思维能力，并进一步形成思维的规律性。作文教学也是促进学生综合素质发展的重要途径。写作不仅是对学生语言和思维的培养，还与综合素质培养密不可分。例如，写作过程中需要观察、分析、归纳、总结等能力，因此写作训练有利于开阔学生的视野，提高学生的知识能力；写作过程中要考虑文化背景和心理特征，因此写作训练可以培养学生的文化素养和心理素质。

其次，作文教学可以培养学生的语言综合运用能力。在写作过程中，学生需要思考、提炼和表达，才能够提高学生的思维能力，使他们对逻辑推理有更好的理解。同时，综合运用各种语言形式，如句式、修辞、词语搭配等，能够培养学生的语言综合运用能力，使他们在各种情境下灵活运用语言表达能力。作文教学的重要性无可置疑，因为现代社会越来越需要有独立思考能力和具备批判性思维的人才，而写作对开发思维、加强语言表达能力、增强自我认知和调控能力等都有很大的促进作用。

再次,写作是提升学习效果的重要方法。写作可以帮助学生扩展词汇量和增强语言表达能力,促进语文综合素质的提高。通过写作,学生可以在思考的同时,将想法书写下来,清晰地表达自己的观点和思想,可以更好地理解知识点,加深印象,同时也有利于加强记忆和思维整合能力。写作是学习过程中不可缺少的一环,学生通过写作可以更快捷、更有效地掌握所学知识。

最后,作文教学还有助于培养中小学生的健全人格。通过写作,学生可以通过文字表达自己的观点和思想。写作是让学生展示自己思想的一个平台,能让学生有机会通过文字表达揭示其内心世界和价值观。写作能够促进学生的情感发展,提高情商,帮助学生更好地认识自我和发现自我,培养独立性和自信心,从而更加从容地面对未来挑战。

作文教学还需要从学生的思维能力、情感体验和文化修养等多方面入手,因此需要一种全面、系统的教学方法或模式。同时,作文教学还需要与学生的实际情况相结合,因为学生在不同的地区、不同的文化环境下受到的影响也不同。

作文教学的现状

随着社会的发展,文化教育一直被国家重视且是发展的重点,而作文作为语文教育的重要组成部分,在语文课程中占据了非常重要的地位。然而,不可忽视的是,在当前中小学语文教育中作文教学存在着问题和不足。

一、现状与问题分析

【现状分析】

传统作文教学存在诸多问题。因此，我们需要在培养学生的写作能力时，注重引导学生思考、开阔视野，有针对性地进行激发创新的写作教育，培养学生的综合能力，引导学生走自己的写作道路。所以，创新的作文教学模式应以培养学生的学习兴趣、参与性、主动性和独创性为基本出发点。

现行的语文教材中，作文教学目标不明确是当前语文教育的主要问题之一，同时作文教学缺乏具体的评价标准。在学生的写作中，缺乏准确的论点、主题未贯穿全文、语言表达不清晰明了等问题屡见不鲜，但教师的评价模糊不清，缺乏实际的指导意义，使得学生对于作文写作的认识不够清晰。

缺少写作策略与范式的引导也是当前语文教育中需要关注的问题之一。学生在写作中常常缺少完整的写作规划，没有系统化和组织化的思维能力，在写作的规范流程操作和论证推理方面能力较弱，没有掌握各种文体和写作范式的特点和应用，以至于不能适应各种形式的写作要求。

教学形式单一也是影响学生写作水平的问题之一。现代化科技手段使教育资源得到了迅猛发展，但是教师在教学方法与手段上的改进与跟进缓慢，始终采用传统的教学模式，缺乏创新，这不利于学生学习新知识、掌握新技能和开拓新思路。

【问题分析】

首先是缺乏理论支持。教学是以理论为基础的，但是目前采取的教学方式、教材体系和评价标准都缺少足够的理论支持，使得语文教学处于无源之水的状态，影响了学生的知识落地效果。

其次是教师专业能力不足。作文教学是一项非常专业的工作，而目前有相当一部分教师缺乏专业的作文教学能力。这也是学生写作水平不能提升的一个重要原因。

再次是评价机制需要完善。评价机制不完善也是当前语文教育中的一大痛点，这使教师和学生在作文教学的过程中失去了方向感，彼此之间的沟通也变得模糊不清。

二、对策研究

【在教师层面】

一是加强理论支持。保持教学理念与科技教育手段与时俱进，强化对作文教学的研究，始终抓紧课堂这一主阵地，研究切实可行的作文教与学的方法，为教学实践提供理论基础，建立更系统、更完善的教育知识体系。

二是优化教师队伍。加强教师的培训，让教师亲自体验写作的状态，提高教师自身的写作水平（能够独当一面辅导学生的写作）。完善教师的职业发展体系，提高教师的专业技能，从而使教师不仅能教好语文，还能更好地指导学生写作。

三是提高教师的专业能力和素质。教师需要不断学习和掌握新的教学方法和技巧，同时也需要具备较高的文化素养和教育情怀，才能更好地指导学生写作。学校和教育部门也应该加强对教师的培训和支持，提高教师的专业能力和素质。

【在学生层面】

一是加强课外阅读指导。在农村地区，学生接受各种教育的途径比较少，因此需要通过课外阅读来扩大学生的知识面和提升学生的阅读能力。教师要引导学生选择合适的阅读材料，并对学生的阅读进行指导和评价，帮助学生提高阅读能力和理解能力。

二是培养学生口头、笔头表达能力。学生的口头表达能力和写作能力是相互关联的，需要同时培养。教师通过让学生参加辩论、演讲、朗读等活动，提高学生的口头表达能力；同时也通过写作文、写日记等活动，培养学生的写作能力。在教学过程中，要注重学生的思维训练和表达能力的提高，让学生学会用简单、明确、生动的语言表达自己的想法。

三是加强家校合作。在广大的农村地区，家长的文化水平普遍偏低，适时引导教育孩子的意识也较差。教师需要与家长加强沟通和合作，让家长理解和支持学校的教育工作；同时教师要了解学生的家庭情况，更好地对学生教育和指导。

四是完善评价机制。语文教师要建立公平、公正、科学、合理的评价机制，让学生了解自己的优缺点，为学生判断和定位助力，以提升学生的写作水平，从而更好地服务于语文教育。

传统作文教学存在的问题

一、问题的提出

【问题的雏形】

面对课堂教学和学生的写作水平，我们会产生一种疑问和想法：为什么教材本身和相关的教师用书、教辅资料对基础知识的教学都介绍了各种方法或模式，而对作文教学却言之甚少，找不到一种可以借鉴的方法呢？经过几年的语文教学实践，我们发现语文教学，尤其是作文教学与我们现行的教学模式和应试教育有关系。

【发现"病因"】

在寻找"病因"时我们才发现，中小学语文课几乎没有作文教学。后来，随着语文课程改革，在作文教学方面我们也倡导新理念，树立新导向。其核心就是提倡写真情实感。我们认为如果学生写了自己的真情实感，那么作文教学中的种种问题便会迎刃而解。但是，面对连基本的语言表达能力都欠缺的学生，我们怎么才能使学生写出他们自己的真情实感？是什么阻碍了学生表达他们自己的真情实感？

二、问题的分析

【现行作文教学模式和应试教育的影响】

现行的教学模式和应试教育注重的是知识点的掌握和应试能力的培养，往往忽视了学生的思维能力、情感体验和文化修养的培养。这种教学模式和应试教育的影响，使得作文教学往往缺少可借鉴的方法或模式。

【"病因"之一】

为什么没有作文教学？每所学校安排每个星期至少有两个课时的写作课，按道理讲教师应该很重视写作，学生也很重视写作。但是，语文教师为什么不写作呢？而且，语文教师身上一直有一个奇怪的现象：教师教写作，自己却不写作，甚至不会写作。从这段论述中我们会发现以下几个问题。

1. 为什么现在的语文教育中缺少作文教学？
2. 为什么语文教师不重视写作？
3. 学生写不好作文为什么没有得到足够的关注？
4. 为什么语文教师不会写作？

这些问题都是值得深入研究的。从教育的角度来看，写作是语文教育的重要组成部分，它可以提升学生的语言表达能力、思维能力和创造力。但是，为什么现在的语文教育中缺少作文教学？可能是因为教师们缺少教学经验和有效的教学方法，或者是因为学校和教育部门没有给予足够的重视。此外，教师不重视写作、学生写不好作文也没有得到足够的关注。写作难度大、需要时间长，而且写作的成绩评定难度也比较大，这些都可能导致教师和学生不重视写作。

至于语文教师不写作，不会写作，这可能是因为他们没有接受过专业的写作训练，或者是因为他们没有时间和精力去写作。无论是哪种情况，都需要我们重视，因为教师的能力和素质直接影响学生的学习效果和成长。

【"病因"之二】

通常作文教学主要有两个阶段。一是在写之前：审题、情景、构思训练。这里主要解决"写什么"的问题，对"怎么写"只有原则性的引导或要求。二是在写之后：讲评和展示好文，或修改，写评语，打分。这里主要解决"写得怎么样"的问题，对学生是怎么写的则很少顾及。也就是说，在中小学作文教学中，教师从来没有在学生思考写作、开始写作、完成写作这一过程中给予学生足够的指导，对学生是怎么写的很少顾及。

第一个问题可能是因为多数教师没有意识到作文教学需要全方位的指导，只关注了写作的两个关键阶段。此外，多数教师可能觉得写作过程是学生个人的事情，不需要教师的干预和指导。

第二个问题可能是因为教师缺少指导学生解决写作过程中遇到的难题和困难的经验和方法。多数教师可能更关注学生的作品质量和分数高低，却忽视了学生在写作过程中的思考和探索。

因此，我们需要加强对作文教学过程的关注和指导。教师需要关注学生在写作过程中遇到的难题和困难，并提供积极的指导和帮助。同时，学生需要学会自我指导和探索，提高自己的写作能力和素质。

【"病因"之三】

当下作文课在本质上是与应试挂钩的。中小学所培养的"写作能力"很大程度上就是应试的能力，而这种应试能力变化多端，一般语文教师较难把握，因而没有能力或没有胆量在课堂里去"教"，所以课堂里学生的"练"通常只能是"多写"。我们发现大多数教师教学生采用守株待兔的极为落后的方式写作：事先让学生背好多东西，最后用一个题目套上去。这种写法本身就不妥当，生活中从来没有这样写作文的，但我们的语文教师经常这样教学生。

这种教学方法让学生对写作产生厌恶情绪，而且也无法真正提高学生的写作能力。因此，教师在作文教学中应该更加注重培养学生的创造性思维，让学生从根本上提高写作能力，而不是仅仅追求应试成绩。

为什么要有作文教学

一、作文教学出现了伪指导和伪写作

我们的作文教学出现了伪指导、伪写作,贻误了学生学习写作的良机。因为教师本身不写作,不鼓励写作,所以教师不知道什么是写作状态,什么是真正的写作,学生始终也不懂。

这是一个非常重要的问题。作文教学是语文教学的重要组成部分,但是在现实中,很多教师并没有真正掌握作文教学的方法和技巧,导致教学质量不高,甚至出现了伪指导和伪写作。这样做会误导学生,让他们失去学习写作的良机,无法真正掌握写作的技巧和方法。因此,作文教学时教师和学生应该都真正了解写作的本质和方法。通过作文教学,学生可以更好地掌握写作技巧和方法,同时也提高他们的写作能力和创造性思维能力。最终,学生通过写作展示自己的思考和表达能力,从而更加自信地面对未来的学习和生活。

二、教师的榜样作用非常关键

作文教学需要教师具备深厚的写作能力和经验,只有这样才能真正帮助学生提升作文水平。如果教师自己并不擅长写作,或者没有写作的经验,那么就很难真正指导学生,更难以鼓励学生去写作。

教师的写作能力和经验直接影响着他们的作文教学质量。只有拥有较强的写作能力和丰富的经验,教师才能够深入了解写作的本质和技巧,并能够将这些知识和技巧传授给学生。此外,教师有丰富的写作经验,才能够理解学生在写作过程中遇到的问题和难点,并给予有效的指导和帮助。

教师的榜样作用也非常关键。如果教师本身不擅长写作或者没有写作经验,那么学生就很难被鼓励去写作。相反，如果教师本身就是一位优秀的作家或者有着丰富的写作经验，那么学生就会受到鼓舞和启发，有动力去写作。

作文教学需要教师具备良好的写作能力和丰富的写作经验，这样才能真正帮助学生提升作文水平。因此，教师需要不断地提高自己的写作能力，积累写作经验，从而更好地指导学生，让他们在写作中不断进步和成长。

提高作文教学的质量需要从教师自身开始。教师是作文教学的主体，只有教师具备优秀的写作能力和经验，才能有效地指导学生。因此，学校和教育部门应该加强对教师的培训，提高教师的写作能力和教学水平，为教师提供更多的学习和实践机会，帮助他们不断提高写作能力。

教师也应该主动和深入地学习和实践，不断提高写作能力和教学水平。教师需要不断地学习和探索，了解最新的写作技巧和方法，并将其运用到作文教学中。同时，教师也需要不断地实践，通过写作来深入了解写作的本质和技巧，以便更好地指导学生。

只有教师具备优秀的写作能力和丰富的经验，才能够真正实现作文教学的有效指导，并让学生在写作中不断提高写作能力和水平。因此，学校和教育部门应该加强对教师的培训，同时教师也应该主动学习和实践各种类型写作，共同提高作文教学的质量，为学生提供更好的教育服务。

作文五步法的介绍

一、什么是作文五步法

作文教学是语文教学到了一定阶段后,把学生的口头表达能力转化成书面表达能力的一种教学过程,也是教师的教和学生的学的转化过程。在这一个过程中教师如何教、学生如何学,是摆在师生面前的一个难题。面对这种情况和学生的实际,作文教学应避免那些花里胡哨的理论,回归到教学的本质。正如当代著名教育改革家魏书生所说:"教书很简单,就是老祖宗讲的那八个词语。教十六个字:有教无类,因材施教,寓教于乐,教学相长。学十六个字:学以致用,学而时习,循序渐进,持之以恒。过去、现在、未来都不需要改变。"作文教学在传统课堂教学中还是有章可循的。教师应紧扣课标,因材施教,从五个方面入手训练:一读(阅读)、二话(听话、说话)、三练(练看、练记、练笔)、四改(自己改、互相改、当面改、集体改)、五评(词评、句评、段评、篇评、总评)。然而,仅仅停留在这五个方面的训练是远远不够的。作文教学应该更加全面地考虑学生的认知、情感、行为等方面,以及作文教学的社会、文化、历史背景。在认知方面,教师应该引导学生掌握作文的基本结构和写作方法,同时注重培养学生的创造力和批判性思维。在情感方面,教师应该鼓励学生表达自己的感受和思考,在教学中注重情感体验和情感投射,帮助学生建立对文学和作文的情感认同和情感体验。在行为方面,教师应该给予学生充分的实践机会,让学生在实践中不断探索、发现和改进写作技能。在社会、文化、历史背景方面,教师应该引导学生了解和关注社会、文化、历史背景对作文的影响,让学生在写作中体现出对社会、文化、历史的思考和认识。

此外,作文教学也需要注重教学策略的创新。教师可以采用多种教学策略,例如情境教学、案例教学、合作学习、探究式学习、项目学习等。这些教学策略可以帮助学生更加深入地理解作文教学的内容，发挥学生的主动性和创造性，提高学生的学习效果。

二、作文五步法的生本教育的意义和价值

【把课堂还给学生】

作文教学相比于语文课文教学，应该更加轻松活泼，有民主平等的对等活动，有让学生发挥自我个性和表达真实情感的时刻。在这个过程中我们关注的不是教师教什么，而是学生学会了什么。把课堂还给学生，这是许多教师想做而又不敢做的事情，害怕一放就乱，收不回来，所以一直在作文课堂上把学生困得死死的。把多少课堂时间还给学生？学生是课堂的主人，学生是课堂的主体，课堂是学生学习的地方。按照五步法，通过"读+说+练+改+评"环节，我们可以把课堂时间还给每一个孩子，这在常规课堂是无法实现的。

【面向每一个学生，教是为了不教】

作文五步法看似在"教"学生学习写作，其实却是"不教"的。传统的作文教学在语文教材中根本体现不出来，所以我们一直要求教师在学生写作时"教"他们怎样写作，却始终没有一个可行的方法做到学生自己学、自己习。作文五步法就是引导学生在教师的组织、管理和激励下自己学、自己习。如果从小学三年级开始，教师始终给学生找"下水"作文，背记"套路"作文，始终放不下手，那么学生永远学不会写作，永远依赖教师的"教"。作文五步法要求，学生"自己读、自己看、自己写、自己练、自己改、自己评"，把学生的权利和责任下放给学生。在作文教学中教师是主导，学生是主体。经过几年的努力，学生完全可以自主写作，而且写作水平大幅提升。

作文五步法是从学生的需求这一底线思维开始，打破了教师的"灌输"这一精英思维。作文五步法课堂把读、说、写、改、评的时间和机会还给每一个学生。这既是"面向每一个学生"的应有之义，也是提高课堂教学效益的根本之义。

【面向每一节课，拒绝"磨"好的精品课】

要让每一位教师的每一节课都有比较高的质量，那就不能不说到一个

词——量产。教育是科学也是艺术。每一节课都应该是"有缺憾"的艺术，而现在好多学校和教师把"磨"课当作一种教育改革的风尚，不厌其烦地磨呀磨呀。但是，作为一门教育艺术，这种千锤百炼的课堂是无法复制量产的。看似非常完美的课堂，不知道消耗了多少教师和学生的时间与心血，而这仅仅是为了展示给同行的"精品课"或者是展示给上级领导的"汇报课"，与常态的教学需求相差十万八千里，不能不说是一种资源和时间的浪费。

教育的高质量发展不只是依靠每一位一线教师，更依靠每一位一线教师每一天的常态课。常态课追求的不是艺术，而是科学；常态课追求的不是创新，而是规范。作文五步法的理念就是回归到常态课和常态教学，让教师拿起教材就能上课，让学生拿起本子就能下笔。作文五步法能够使教师想学就学，一个星期就能有模有样地教作文，一学期后便熟能生巧，上岗不满一年的新教师便能上观摩课。

【面向每一位教师，破解作文教学难题】

作文五步法的教学方法包括"一读、二话、三练、四改、五评"五个环节，面向每一位教师，旨在帮助教师更好地指导学生写作，并破解常见的作文教学难题，帮助学生提高写作能力和水平。

通过这一教学方法，教师可以更好地指导学生写作，帮助学生提高写作能力和水平，使学生能够更加自信和有效地表达自己的想法和观点。同时，这一方法还可以破解常见的作文教学难题，如何理解题目、如何展示自己的观点和如何提高写作水平等，让学生真正掌握写作技巧和方法。

把发问的权利还给学生，让学生在探究和思考中得到成长。教师可以鼓励学生提出问题并积极回答，让学生在探究中得到成长。不仅如此，教师还可以引导学生提出更深入的问题，激发他们的思维能力和创造力，从而帮助学生更好地理解和掌握学习内容。

把阅读的时间留给学生，让学生在感悟中成长。教师应该让学生有充足的时间去阅读，让他们在阅读中产生共鸣和感悟，从而得到成长。教师可以选择优秀的作品或者经典的著作，引导学生通过阅读来增加知识、提高思维能力和审美素养。

把说话的机会让给学生，让学生在表达中成长。教师应该鼓励学生表达自己的想法和观点，让他们在表达中得到成长。通过表达，学生可以更好地理解和掌握学习内容，同时也可以提高沟通能力和表达能力。

【生本教育是作文五步法的核心】

生本教育强调以学生为本，关注学生的发展和需求，真正把课堂还给学生，给予学生成长的空间和机会。师生关系，尤其是课堂上的师生关系一直是学校教育的重要底色。美国社会心理学家肯尼思·J.格根教授在其《关系性存在：超越自我与共同体》一书中，专章论述"关系型教育"。作为社会建构主义者，格根认为，"课堂不再是我的船，我也不是它的船长"，"课堂上发生的一切都是我们共同完成的"。师生关系是教育工作的重要组成部分之一，区别于一般性人际关系，必须具有教育专业要求。

在作文五步法教学中的师生关系，不再是"管与被管，教与被教"，而是"共生共学，相互促进"；要满足师生间的情感与互动需求，鼓励学生把自己的生活经历和日常所见所闻与写作内容联系起来，从而真正做到对所写内容的熟悉和深入了解。这样，学生的作品就不再是简单的抄袭模仿，而是真正有思想、有情感、有独立性的作品。同时，还可以根据学生的个性化需求，对每位学生进行更加细致的指导和辅导，从而更好地激发出学生的写作热情。

作文五步法注重教师指导和学生探究相结合，激发出学生的主动性和独立思考能力，增强学生的创新意识和表达能力，让学生真正成为学习的主人，让学生在学习中获得教育和成长。它不仅可以解决教师的教学难题，还可以提高学生的写作兴趣和水平，鼓励学生的个性发展。它让每位学生都能够在作文教学中实现自身的学习价值，真正实现"以教育为中心"的目标，也给整个教育领域注入了新的活力。

第二章

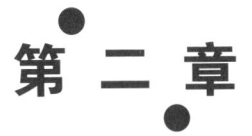

作文五步法具体步骤的详解

"一读"

一、"一读"——阅读

【为什么进行"一读"练习】

作文五步法的"一读"指的是阅读,针对写作的阅读包括课内阅读和课外阅读,强调阅读是任何学习的第一步,也是最基础、最关键的一步。因为通过阅读,学生才能够对所学内容有一个全面的了解,学生才能够更好地进行后续的学习和写作。因此,应该首先进行阅读,有了相关的知识和信息储备,学生在写作时才能够言之有理,有话可写。

对于写作来说,"一读"确实是非常重要的一步。只有通过阅读他人的优秀作品,学生才能了解如何安排作文的主旨、结构以及如何用语言表达等,为后续的写作打下基础。因此,作文五步法将"一读"放在第一步,是非常合理的。

阅读不仅对写作是非常重要的一步,在任何学习中它都是非常基础和关键的一步。通过阅读,学生可以获取大量的信息和知识,从而为后续的学习提供帮助。在学习的过程中,如果没有阅读,学生很难对所学内容有全面的了解。

【阅读的内容】

1. 包括课内阅读和课外阅读

低、中年级学生以课内阅读为主,中、高年级学生除了课内阅读,还要进行大量的课外阅读。阅读与口头表达、书面表达的关系是一个语文教学的老话题,早有定论。阅读多、阅读广泛会促进学生口头、笔头表达能力的发展。学生掌握的词汇量较丰富,口语水平也较高,关键是如何把口语转化成书面语,这就需要学生借鉴和模仿、吸收和消化大量的书面语言与表达形式,即厚积薄发。如果学生平时很少阅读书籍、报刊等,心中无物,那么就会口中无言,必定也就笔下无文了。"读书破万卷，下笔如有神"的道理就在于此。

2. 各阶段的阅读量

第一学段（一、二年级）课外阅读总量不少于5万字；第二学段（三、四年级）课外阅读总量不少于40万字；第三学段（五、六年级）课外阅读总量不少于100万字；第四学段（初中年级）背诵优秀诗文60篇（段），课外阅读总量不少于100万字；第五学段（高中年级）课外阅读总量不少于150万字。

3. 在作文教学中学生读什么？

（1）读每个单元习作要求；

（2）读本单元相关的课文内容；

（3）教师指导学生回顾本单元的好词佳句；

（4）力求每位学生能学有所用。

二、阅读的实践方式

【阅读材料的选择】

"一读"即阅读，是作文五步法中的第一步，也是写好作文的关键一步。在学生的学习生涯中，阅读是非常关键的一环。在阅读中，学生不仅可以积累词汇、增长知识，还可以提升自己的综合能力。因此，阅读在学生的学习过程中显得非常重要。

在课内教学中，教师会指导学生认真阅读教材，并帮助学生理解课文内容。通过课内阅读，学生可以初步了解文章的结构、语言表达、修辞手法等。这对学生之后的写作和阅读都极为有益。

在课外阅读方面，学生需要在教师的指导下阅读大量优秀的书籍和报刊，包括文学类、科普类等不同类别。阅读优秀的书籍可以帮助学生开阔视野，增长知识，提高写作水平。

在中高年级阶段，学生需要更多的课外阅读，以便能够掌握更多的表达方式和写作技巧。在阅读中，学生需要注意语言的规范、语言的逻辑性、文化的背景等，通过对这些要素的了解，学生才能写出优秀的作文。

在阅读过程中，学生还需要学习如何提取文章的主旨、结构、特点等关键信息。学生需要逐渐培养出全面、深入的思考能力，而这需要大量的阅读积累。通过多阅读与反复构思，学生才能逐渐提高写作水平，能够写出高分作文。

总之，阅读对于学生的语言表达和写作能力的提高至关重要。学生应当通过课内外阅读双管齐下，不断吸收新的知识和技能，不断探索和练习写作，最终成为出色的阅读者和优秀的作文写作者。

【阅读的技巧与方法】

1. 热爱阅读

让学生热爱阅读是一个长期的过程，需要教师和家长的共同努力。用以下方法帮助学生热爱阅读。

（1）提供丰富的阅读材料

教师可以提供各种各样的阅读材料，包括文学作品、历史文化、科学知识等。同时，家长在家中也可以提供丰富的阅读材料，让孩子有更多的选择和机会阅读。

（2）给予阅读的自由和选择权

让学生有选择的权利，可以让他们更自主地选择自己感兴趣的阅读材料，从而更加愿意阅读。同时，也要让学生有阅读的自由，不要强迫他们阅读某些书或材料。

（3）培养阅读兴趣

教师通过讲解书的内容或者分享自己的阅读经验，引发学生的兴趣。教师也利用课堂上的时间阅读，让学生在轻松的氛围中享受阅读的乐趣。

（4）创造良好的阅读环境

学校和家庭都为学生营造良好的阅读环境，比如设置阅读角、提供舒适的阅读空间、配备适当的灯光等，让学生在舒适的环境中阅读。

（5）打造阅读氛围

学校和家庭通过各种方式营造阅读氛围，比如组织读书会、阅读分享会、阅读比赛等，让学生在参与活动的过程中感受到阅读的乐趣。

（6）激励学生阅读

学校和家庭可以提供一些激励机制，比如阅读奖励、读书证书等，激励学生阅读；也可以用让学生在阅读后进行分享、写读后感等方式激励学生阅读。

2. 快速阅读

（1）了解主题和目的

在课堂上写作时，学生需要先阅读单元习作的要求，明确作文的主题和目的。主题是文章的核心，而目的是写作的目标。只有了解主题和目的，才能更好地理解文章所要表达的意思。

（2）快速回顾本单元所学课文

作文五步法是比较常用的写作方法，在这个方法中，"一读"阅读的技巧和方法对提高写作效率和质量有很大的帮助。

学生要快速浏览回顾本单元所学课文，要关注能够学有所用的语句和细节。这些包括特别重要或有趣的描写，以及能够揭示文章主题、提升文辞功底或赢得读者欢心等方面的内容。学生可以将这些语句和细节标注下来，方便在写作过程中使用。学生可以尝试通过换位思考或者批判性思维，形成自己对文章的看法和思考。学生可以自我发问，比如"这篇文章的观点是否正确？""这篇文章的作者是否有说服力？"等。这个过程可以帮助学生更好地理解和分析文章，并为下一步的写作打下基础。

3. 多读多思

写作文时一定要"多读多思"，课堂应该是学生"多读多思"的地方——每一个学生都在不停地读、不停地思考。语文能力本质上是学生自己读出来、写出来的，而不是教师讲出来、问出来的。一课又一课的"多读多思"，学生才会刻骨铭心地把所学知识融入自己的血液里，体现到日常的写作中。

（1）细读整段

在日常的课外阅读时，需要逐段阅读。此时需要仔细分析每个段落的组成，理解段落的重心，了解段落之间的联系，这可以帮助我们整体把握文章的结构。

"一读"是指对阅读材料进行第一遍的粗略阅读。它是完成其他四个步骤的基础，因此做好"一读"的工作非常关键。以下是几个阅读方法和技巧：

如何阅读一本书——读书笔记

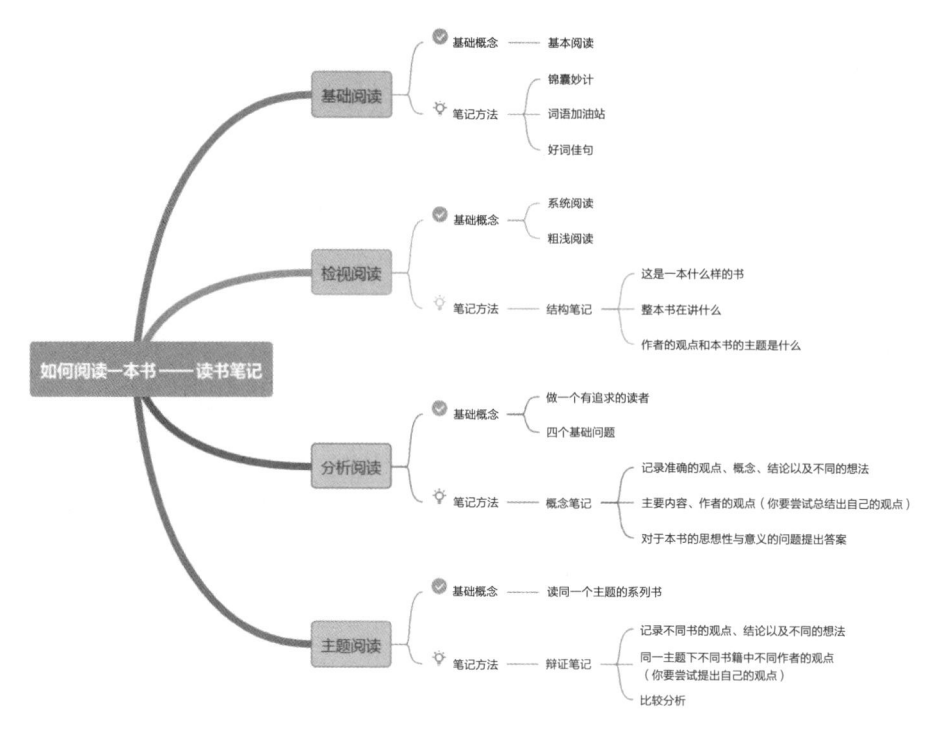

- **基础阅读**
  - 基础概念 —— 基本阅读
  - 笔记方法
    - 锦囊妙计
    - 词语加油站
    - 好词佳句

- **检视阅读**
  - 基础概念
    - 系统阅读
    - 粗浅阅读
  - 笔记方法 —— 结构笔记
    - 这是一本什么样的书
    - 整本书在讲什么
    - 作者的观点和本书的主题是什么

- **分析阅读**
  - 基础概念
    - 做一个有追求的读者
    - 四个基础问题
  - 笔记方法 —— 概念笔记
    - 记录准确的观点、概念、结论以及不同的想法
    - 主要内容、作者的观点（你要尝试总结出自己的观点）
    - 对于本书的思想性与意义的问题提出答案

- **主题阅读**
  - 基础概念 —— 读同一个主题的系列书
  - 笔记方法 —— 辩证笔记
    - 记录不同书的观点、结论以及不同的想法
    - 同一主题下不同书籍中不同作者的观点（你要尝试提出自己的观点）
    - 比较分析

（2）总结归纳

学生要明确文章的主题以及文章作者的写作意图。通过聚焦文章中的关键词、标点以及标题，学生可以初步了解文章所要表达的主题。在读完全文后，学生还需进一步分析文章作者的写作意图，即他想要借此文章表达的思想或者传达的信息是什么。

学生需要挖掘文章的主要素材以及论述结构。从全文中搜集而来的素材包括引入、背景、事实、数据、例证、比喻等。根据这些素材，学生可以进一步梳理文章的论述结构，明确文章的逻辑关系，并挖掘出文章的重点内容。

学生要对文章进行主题归纳。通过对文章进行分析、总结和归纳，学生可以确定主题并形成自己的观点、态度和见解。同时，学生还需掌握主题的层次、内涵、含义以及与其他主题的相关性。

在总结文章的写作思路和主旨之后，学生要针对文章的重点内容进行整理。重点内容可能涉及文中的观点、论据、事例、叙述、描绘、分析等。

三、阅读后的思考与讨论

第一，思考文章的主题、目的和证据。这有助于提高阅读的深度和有效性，并为写作做好准备。

第二，检查自己是否有相关的经验或思想，或是否对文章所讲述的主题有过思考。如果有，可以进一步思考并纳入作文中。

第三，与他人讨论文章内容，听取不同的意见，从侧面丰富对文章的理解。通过和他人讨论，可以获得其他人的见解和理解，并将这些理解融入自己的写作中。

综上所述，"一读"对于成功完成五步法至关重要。采用上述方法和技巧，能够更加有效地阅读和理解文章，并为后续的写作提供重要的指导。

"二话"

一、为什么进行"二话"练习

作文五步法把"二话"——听话、说话——放在重要地位，是因为听话和说话是作文中非常重要的一环，对提高作文水平有着至关重要的作用。

听话让学生更好地理解作文题目和要求，确定写作方向。在作文之前，学生需要认真听取教师的讲解和要求，弄清楚所要写的内容和要求，从而明确写作的方向和目标。只有明确了写作的方向和目标，才能够更好地进行后续的写作。

说话可以帮助学生更好地表达思想和观点。在写作之前，学生需要先进行口头表达，将自己的想法和观点表达出来。通过口头表达，学生可以找到自己思路上的问题，并加以解决。同时，口头表达也可以培养学生表达能力和思维能力，有助于提高写作水平。

此外，听话和说话还可以帮助学生更好地与他人交流和合作。在作文过程中，学生需要和他人进行交流和合作，共同完成作文任务。通过听话和说话，学生可以更好地与他人交流和沟通，共同完成作文任务。

二、"二话"——听话和说话

【听话】

听话不应被简单地理解为学生听人说话，它还包括听音、听形、听义、听意、听情、听思等方面。在听话过程中，教师引导学生注意说话者的语调、语气、语速、停顿。学生可以跟着说话者的思路去思考一些问题，感受说话者的情感。听话的过程实际上是一个吸收的过程，学习和模仿的过程，也是为自己说话做准备的过程。听得明白，那么就可以说得清楚。

【说话】

说话是口语交际和写作的基础。心有所想，口能所言，笔能所文。往往我们的学生听不懂话、听不明白话的占很大的比例，结果必然是说不清楚，说不明白，说不流畅，甚至开不了口。任由学生自己去写，其结果要么是千篇一律，要么是一塌糊涂，学生的写作水平始终得不到提高。

【怎样说话】

在作文五步法的"二话"环节中，正确说话对提高学生的写作能力和语言表达能力非常重要。教师不能一提习作就是让学生多读多写，更要鼓励多说多听，先表达再记述。教师不能找"下水"和读范文，指导学生按教师的思路去习作。以下是关于说话练习的一些建议。

1. 清晰明了

在说话时，要注意思路清晰，表达明了。不要使用过于复杂或难懂的词语和句子，以免让听者产生困惑，可以使用简洁、直接的语言来表达自己的观点和感受。同时，要注意语法和用词的正确性，避免出现错误或不合适的用法。

2. 细节丰富

在描述事物或情感时，要尽量丰富细节，让人可以想象到具体的画面或情景。可以使用形象生动的词语或比喻来描述，让人更好地理解和感受。同时，要注意细节的真实性和合理性，不要编造或夸大事实。

3.情感真实

在表达情感时，要保持真实和自然。不要刻意夸张或掩饰情感，而是要坦诚地表达自己的感受。可以使用适当的修辞手法表达情感，如比喻、拟人等。同时，要注意情感抒发适当，不要过于情绪化或冷静，要符合情境和写作目的。

4.语调得当

在说话时，要注意语调得当。要根据不同的情境和目的，使用不同的语调和语气。例如，在阐述自己的观点时，可以使用肯定和自信的语气；在表达歉意或感激时，可以使用委婉和诚恳的语气等。此外，要注意语调的自然和流畅，不要出现生硬或不自然的语气。

三、听话和说话的实践方式

【听话的技巧与方法】

听话训练包括低年级时期生字教学的听音、听形、听义等，还包括中高年级时期课文教学的听意、听情、听思。它对刺激学生的耳、脑等器官有很大的作用。听意、听情、听思可以在教师听写课文中优美的句子、段落时进行，也可以在课外阅读后的交流及汇报中进行，更主要的是在口语交际环节中最大限度地发挥。

听话是学生在课堂学习和生活中必须掌握的基础技能。但是，听话不应被简单地理解为学生听教师讲课或者听别人说话，它的过程实际上是一个吸收的过程，学习和模仿的过程，也是为自己说话做准备的过程。只有当学生掌握了听话的技巧和方法，才能让自己在各个方面有更好的表现。

以下介绍作文五步法中听话的技巧与方法。

第一步：安静地听

听话的第一步是要能够安静地听。在学校里，教师在讲课时，学生需要学会安静地坐下来，聚精会神地听讲。此时的心态和态度非常重要，学生不能让外界的噪声等因素干扰对教师讲述的内容产生的认知过程。这也是学生以后在工作和生活中需要注意的重要能力之一。

第二步：认真倾听

认真倾听是听话的第二个步骤。在安静地听之后，学生应该认真地聆听讲课的内容。在聆听的过程中，学生通过记忆能力记录学习的重点内容。对于一些重要的关键词，学生可以上下联想，进行分类和整理。认真倾听不仅是对教师的尊重，也是自我学习的一个开端。

第三步：控制自己的情绪

情绪控制也是学生需要掌握的技能之一。在听课的过程中，难免会出现对内容不感兴趣、心情不好等情况。针对这种情况，学生应该更加努力控制自己的情绪，避免情绪的干扰影响倾听的效果。

第四步：提问和解答问题

在听课的过程中，遇到不明白的地方，学生可以在适当的时候主动提问。通过提问，不仅解决自己的困惑，还能为其他同学提供借鉴，促进集体学习效果的提高。

第五步：总结和反思

在听完一节课程后，学生要及时针对所学内容总结和反思。这里指的不仅仅是对课堂内容的复习，更包括回顾听课过程中自己的收获和不足。学生也可以提取学习重点，掌握课程知识，为未来的学习打下基础。

【说话的技巧与方法】

一提说话我们不能一下子提升到新课标编排的口语交际的高度。说话是口语交际和写作的基础。心有所想，口能所言，笔能所文。往往学生听不进去话、听不明白话的占很大的比例，其结果必然是说不清楚，说不明白，说不流畅，甚至开不了口。教师往往一提习作就是让学生多读，多写。

其实，作为写作只不过是把学生生活化的口语，经过教师指导，学生自纠变成"规范的、精致的、高级的、优雅的口语表达"（肖川《语文的视界》），然后又把它转化成独立成篇的，有主题，有构思，有剪裁选材，讲究语言风格的文章。它也符合语文课注重"语"（口语表达）和"文"（书面表达）的基本要求，也是教师培养学生写作能力的必要条件和不可或缺的方法。但是，要想提高学生的口语表达能力，教师首先要重视学生的口语交际能力的培养。口语交际是指学生在日常生活中，与他人交流时使用的口语。这不仅包括学生间的交流，也包括学生和教师之间的交流。教师通过各种方式提高学生的口语交际能力，比如模拟生活场景，让学生进行角色扮演，提高他们用口语表达的能力。

在口语交际的过程中，教师要注意引导学生用正确的语音、语调、语气等因素来表达自己的意思，从而提高他们的口语表达能力。同时，教师也要鼓励学生多交流，多与他人交往，从而在实践中不断提高他们的口语表达能力。

口语交际和写作虽然有不同的特点，但它们的基本点都是听话、说话。教师在教学中要注重学生的口语交际能力的培养，通过不断的练习和实践，提高学生的口语表达能力，同时也为他们的写作能力的提高打下良好的基础。

说话是语言交际的基本技能之一，对于学生而言，说话的技巧和方法的学习至关重要。以下是作文五步法中"听话、说话"中说话的技巧和方法。

1. 认真听取对方的意见和观点

在说话时，为了更好地听取对方的意见和观点，学生应该认真倾听，不要急于发表自己的看法。在听取对方意见和观点的过程中，应该注重细节和内容的把握，以便更好地反映出自己的理解和感受。

2. 正确表达自己的意见和观点

当学生表达自己的意见和观点时，应该准确明了、简明扼要，切忌含糊不清、模棱两可。同时，应该注重语言的表现力和语言组织能力。

3. 掌握适当的语调和语音

在表达自己的意见和观点时，学生应该注意到语调和语音的作用。适当的语调和语音可以有效地增强说话的效果，使对方更容易理解和接受自己的观点。

4. 多练习，增加自信心

在学习正确说话的过程中，多进行实践和练习，可以有效地增加自己的把控能力和自信心，从而更好地表达自己的观点和意见。

5. 发现和改正自己的问题

在说话时，学生应该时刻注意自己存在的问题，并主动进行自我发现和改正。通过及时总结和反思，可以逐渐优化自己的表达能力，让自己说话更加流畅自如。

四、听话和说话的训练与实践

中小学语文课每单元的习作要求是围绕听话、说话的训练与实践展开，而在写作时学生可以运用作文五步法，有条不紊地进行写作。

第一步，确定话题。以听话、说话的训练与实践为中心，思考如何展开写作。例如，以围绕着自己的听话、说话经验，或者以发表意见、与他人交流等为主题展开。在小组讨论中，让每个组员在听取别人分享后，说出自己的构想或思路。

第二步，列出提纲。在确定话题后，学生列出提纲，明确写作的重点和要点。提纲包括自己的思考方式、经历和感受等，也可纳入一些跟听话、说话相关的理论知识。在小组讨论中，组长记录每个组员的重点观点，以帮助每个组员更好地制订提纲。

第三步，展开构思，撰写作文，修改润色。在确定了提纲后，学生要根据提纲展开构思，完善写作思路和逻辑。在小组讨论中，可以听取和采纳其他人的建议，同时提出自己的不同意见，有助于拓宽视野和思维。在完成初稿后，需要对作文进行修改润色。通过小组讨论，相互审阅作文，提出修改意见和建议，并互相协助，以确保作文的质量更高。最终，我们可以通过小组讨论，让每个人分享自己的写作想法和经验，并吸取他人的宝贵意见和建议，以达到更好的写作效果。

"三练"

一、"三练"——练记、练看、练写

【为什么进行练记、练看、练写】

练记、练看、练写都是提高作文水平的重要步骤。通过这些步骤，学生可以增强观察力、记忆力、写作表达能力和自信心，拓宽写作素材和视野，提高写作技巧和水平，让写出的作文更加精彩、生动、有力。

1. 练记的好处

（1）提高观察力。通过练习记事，学生可以培养自己对周围环境和事物的观察力，从而更加敏锐地捕捉身边的细节。

（2）增强记忆力。通过练习记事，学生可以改善记忆力，让自己更容易记住重要的信息和细节。

（3）拓展写作素材。通过练习记事，学生可以积累大量的写作素材，为自己的写作提供丰富的内容和灵感。

（4）提高写作表达能力。通过练习记事，学生可以让自己更加深入地思考和理解身边的事物，从而提高自己的写作表达能力。

2. 练看的好处

（1）增强观察力。通过练习观察，学生可以让自己更加敏锐地捕捉身边的事物和现象，从而丰富自己的写作素材并提高表达能力。

（2）提高写作思维能力。通过练习观察，学生可以让自己更深入地思考和分析身边的事物和现象，从而提高自己的写作思维能力。

（3）开阔写作视野。通过练习观察，学生可以让自己拓展写作视野，了解更多的事物和现象，从而为自己的写作提供更广阔的思路和灵感。

（4）增强写作表达能力。通过练习观察，学生可以让自己更好地理解和表达身边的事物和现象，从而增强自己的写作表达能力。

3. 练写的好处

（1）提高写作技巧。通过练习写作，学生可以提高自己的写作技巧，让自己更加熟练地运用各种写作技巧和方法。

（2）增强写作自信。通过练习写作，学生可以让自己更加自信地面对写作，从而提高写作品质和效率。

（3）拓展写作思路。通过练习写作，学生可以不断拓展自己的写作思路和创新能力，让自己的写作更富有创造性和独特性。

（4）提高写作水平。通过不断练习写作，学生可以提高自己的写作水平，让写出的作文更加精彩、生动、有力。

【为什么练开头、练段落、练结尾】

练习开头、段落、结尾都是提高作文水平的重要步骤。通过这些步骤，学生可以在写作时加强作文的结构合理性、连贯性，达到重点突出和个性展示，让作文更加有力、有条理、有特点。

1. 练开头的好处

（1）吸引读者注意力。优秀的开头可以吸引读者的注意力，引起读者的兴趣。

（2）确定作文主题。优秀的开头可以清楚地表达作文的主题和立场，使作文更加明确和有针对性。

（3）奠定作文基调。优秀的开头可以确定作文的基调和情感色彩，使作文的情感更加鲜明、生动。

（4）展示个人风格。优秀的开头也可以展示个人的写作风格、作文的思想和个性。

2. 练段落的好处

（1）加强作文结构。段落是作文的基本组成部分，通过练习段落可以加强作文的结构，使作文更加严谨、有条理。

（2）提高作文连贯性。良好的段落可以使作文更加连贯，让读者更容易理解和接受作文的内容。

（3）突出重点。良好的段落可以突出作文的重点，让读者更加明确作文的重点和核心。

3. 练结尾的好处

（1）总结作文内容。结尾是作文的总结部分，通过练习结尾可以使总结更加恰当、准确。

（2）强化作文主题。结尾也是强化作文主题和立场的部分，通过练习结尾可以让作文的主题更加鲜明、有力。

（3）激发读者思考。好的结尾可以激发读者的思考，让读者更深入地思考作文的内容和主题。

（4）展示个人风格。好的结尾也可以展示个人的写作风格，让读者更好地了解作文者的思想和个性。

二、怎样进行"三练"

【练看、练记、练写（包括练开头、练段落、练结尾）】

1. 练看

千万不能忽视生活。平时，教师要指导学生养成关注生活、观察生活、体悟生活、再现生活和深入思考生活的习惯，要求学生多观察。学生的作文来源于生活，学生学习和阅读的文章同样也来源于生活。学生通过多观察可以拓宽自己的视野，丰富自己的生活。多看对学生感悟生活、理解文章有很大的帮助，可以使阅读和观察以及观察和表达（说话）有机地结合起来。

2. 练记

让学生养成记笔记的习惯，可以从两个方面进行。一方面是根据课标要求加强课文中的重点词句、生字新词的日积月累，教师还可以和学生一起设置富有儿童情趣的摘抄本。另一方面是让学生带随记本，随时随地把自己在生活中观察到的一些内容记录下来：既可以记词语，也可以记一两句精彩描写，还可以记录一段一段的特写。久而久之，学生看得多视野也开阔多了，思维也随之活跃起来，生活中搜集的素材也呼之欲出，写作文就容易起来了。

3. 练写

教师不能硬生生地把体裁、题材加上字数等要求套在学生头上让他们来写。小学阶段要淡化文体，强调写真。结合前面一读和二话内容，加上学生自己看的和记的素材，多步骤分阶段地训练。这一环节可以采用分别练开头、练结尾、练段落的方式，也可以采用练外貌、练性格（脾气）、练习性的方式，还可以让学生自由练写生活中的事和大自然的景。这种先练后写的方法可以减少学生对写作的畏难情绪，增强教师和学生对写作文的自信心。这种方法是把整块的习作难题先化整为零，再优化组合。这是一种由易到难、由小到大、由零到整、由单一到繁复的练习过程。

【练看、练记、练写的实践方式】

有了阅读的积累和听话、说话的训练，学生就可以动手写了。这一过程是写作中最核心的部分，也是师生共同的目标。因为，写作文是语文中最高级的书面表达方式，是学生最耗体力和脑力的环节，也是消耗大量日常积累的素材和方法的过程，在这以前的所有准备和练习都为这一环节服务。反之，这一环节的好坏也会反作用于前面的环节。但是教师不要急于给学生下达写作的指令，还应该做好两件事，即多看、多记，然后才开始写。

1. 怎样"三练"

首先是练看。教师让学生通过阅读优秀的篇章，学习和模仿其中的写作技巧。例如，可以让学生分析文本的结构和语言运用，学习如何运用修辞手法和语言技巧表达自己的思想和感受。提高学生的写作水平和审美能力。学生可以阅读各种类型的文章，从中学习写作技巧和表达方式。在阅读时，学生还需要注意文章的结构、语言表达等，更好地消化和吸收学过和读过的文章，在生活中找到文章中所描写内容的影子和对象。这样做对学生感悟生活、理解文章有很大的帮助，可以使阅读和观察以及观察和表达（说话）有机地结合起来。

其次是练记。教师让学生通过观察和阅读来记忆和收集素材。通过记忆、观察等方式，学生积累写作素材，以便在写作时能够丰富作文的内容。学生可以通过观察周围的人物、场景、事件等，收集生活中的素材。学生还需要注意细节，记录下有意思的细节，这样可以更好地丰富作文内容。在写作时，学生可以根据自己的记忆和素材进行创作，使作文更加生动和具体。例如，教师可以让学生观察周围的事物，记录下来，或者阅读一些优秀的篇章，记住其中的精彩句子和段落。这样可以丰富学生的词汇和想象力，为写作打下基础。为了让学生养成记笔记的习惯，教师可以从两个方面进行：一方面是根据课标要求加强课文中的重点词句、生字新词的日积月累，教师还可以和学生一起设置"词语加油站""八宝粥""锦囊妙计""开心词典"等富有儿童情趣的摘抄本；另一方面是让学生带随记本，随时可以把生活中观察到的一些内容记录下来。

最后是练写。教师让学生动手写作，并不断修改和完善自己的作品。练写是指通过不断写作，提高自己的写作能力。学生可以通过练习写各种类型的作文，如议论文、说明文、叙事文等，提高自己的写作水平。在写作时，学生需要注意作文的结构安排、语言表达等，如如何组织段落、如何过渡、如何使用修辞手法等。同时，学生也需要注意作文的开头、结尾等部分，使作文更加完整和有说服力。

学生在写作时，需要注意作文的结构安排以及语言和修辞等的运用。例如，学生可以尝试运用倒装、比喻、排比等句子，来丰富自己的语言表达方式。学生还需要不断修改和完善自己的作品，例如修改语句表述不够精准、修辞不够恰当的地方，使作文更流畅。

学生在做好充足准备的情况下，个个会跃跃欲试。教师则要保持冷静和克制，采用欲擒故纵之术，但不能硬生生地把体裁、题材加上字数等要求套在学生头上来让他们写。小学阶段要淡化文体，强调写真。

在写作过程中，教师让学生练习开头、结尾和段落的写作技巧，如如何吸引读者的注意力、如何恰当地结束作文、如何组织段落结构等，还要给学生提供反馈和指导，帮助他们不断提高写作水平。练记、练看、练写相辅相成，互相促进。学生可以通过这些训练方法，不断提高自己的写作能力，写出优秀的作文。

2. 练看的技巧与方法

学生需要通过多次观察来培养练看的习惯。比如在公交车上、火车上，学生可以用闲暇时间观察周围人的言谈举止、情绪变化、肢体语言等，不断积累创作素材。另外，学生还可以在平时的学习生活中多留心观察身边的事物、人物和景物，尤其是看一些优秀作者的作品，可以有意识地去学习他们的观察方法和技巧，慢慢发掘自己"看"的潜力。

学生需要了解不同的观察方式。好的观察方式能够更好地呈现一个事物或人物的形态、特征和气质等。对此，学生可以采取运动观察、交互观察、多角度观察、细节观察等多种方式的实践，找到适合自己的方式，不断认真练习，让练看成为一种情感化和体验化的习惯。

学生还应该在练看过程中注重场景与环境。不同环境、场景对人的视觉和兴致有影响。如在自然景观中，学生不妨花更多的时间去感受大自然的魅力，会有不同于城市里的感受。在不同场景中观看生活景物时，学生也会获得不同的创作启示。因此，学生需要在不同环境、场景下去观察，更好地挖掘创意。

学生还需注重练看的实践和反思。通过多次观察实践，学生会发现前后的比较、进步的痕迹。因此，学生可以通过整理观察资料、评估反思等方式，对自己的练看过程与技巧进行梳理和总结，从而不断完善自己的"练看"技巧，进一步提升自己的写作水平。

练看是作文五步法"三练"中极为重要的一项技能，能够为写作提供丰富的素材和灵感，并在呈现文字时更加深入人心。因此，我们应该从多方面切入，通过自我认知和不断实践，不断提高自己的"练看"水平。

3. 练记的技巧与方法

（1）要选择质量好的素材

练习写作的素材非常重要，应该挑选质量比较高的文章或者文本，可以从名人语录、新闻报道或者文化书籍中寻找适合的素材。选择好的素材能够让学生学习到别人优秀的表达方式，提高写作水平。

（2）要反复朗读模仿

对于选好的素材，学生要进行反复朗读和模仿。这个过程中需要注意语音、语调、音量等细节，尽可能地还原素材的语言气息。通过大声朗读和模仿，学生可更好地记忆和理解素材，有利于后续写作文。

（3）要默写

朗读模仿后，学生还应该默写练习。默写可以让学生更好地记忆和理解素材，也可以练习自己的书写和语言组织能力。在默写的过程中，学生应该注意使用正确的字词、语法和标点符号，以提高写作技巧。

（4）要背诵

经过反复朗读和默写，学生可以开始背诵选好的素材。背诵可以让学生更牢固地记住文章或句子，还可以帮助学生在写作过程中快速联想到相关的内容。背诵可以在空余时间进行。

（5）要实践应用

学生需要将所学到的写作技巧应用到实践中，因此可以参加各种写作比赛，更好地验证自己的写作水平。学生还可以拓宽自己的视野，了解不同领域和行业的写作要求和规范，提高自己的写作水平。

以上是"练记"的技巧和方法。学生只有通过反复练习，才能够真正掌握写作技巧，从而让写作更加流畅、准确、灵活。

4. 练写的技巧与方法

在作文中，练写是非常重要的一个环节。它不仅可以帮助我们更好地理清逻辑思路，也使作文更加流畅、生动。

技巧一：确定写作计划

在练写之前，首先需要确定写作计划。这个计划包括作文的框架、内容要点、语言表达等方面。学生可以先写出一个纲要，根据纲要来逐步展开。

技巧二：注重语言表达

在练写过程中，学生应该注重语言表达。句子应该简洁明了，引用的资料和文字应该准确无误。在写作的过程中，学生应该多使用生动有力、富有色彩的语言，这样可以增加读者的兴趣，使作文更加生动有趣。例如，使用比喻、夸张和反问等修辞手法。

技巧三：注意段落结构

段落是文章的基本单位，良好的段落结构可以让作文更加有条理，整洁。因此，在练写时学生需要注意段落的结构：段落长度应该适中，应该避免重复叙述；同时要注意段落之间的衔接，使得作文更加流畅。

技巧四：反复修改

练写的过程中，学生需要反复修改作文。首先，学生应该全面地审视作文，看看是否有遗漏或者错误。其次，可以对其中的语言问题、逻辑问题进行修改。最后，需要仔细检查通顺度，仔细排查是否出现笔误和语病。

技巧五：勇于删改

在修改的过程中，有时候需要大量删减作文内容，这样才能达到最优的效果。学生应该勇于删减，必要时删去一些不必要的内容，使作文更加紧凑，更加有力。

技巧六：稳扎稳打

练习写作时，最重要的是"稳"。写作文时要遵循稳妥的思路，在保持基本线索的情况下，稳扎稳打地写下每一句话。这样可以保证作文的逻辑性，避免过多的重复，使作文更加严谨。

技巧七：顺其自然

写作时不能强求自己，不能刻意追求高级的修辞，这样反而会影响文笔的流畅。要让作文自然地滑出笔尖，保持书写的自然性和流畅性。

技巧八：字词充足

在写作过程中，应该充分利用动词、名词、形容词等，使作文更加生动有趣，但要注意不要使用过于生僻的词汇，以免影响作文的流畅度。

技巧九：精益求精

写作时，要一遍遍地去修改作文，不断优化作文的结构、补充文字等。其方法是，在作文写完后，再花些时间检查并修改作文，使作文更加精炼、具体、有趣、有说服力。

技巧十：多练习

练习是锻炼写作能力的最佳方法。首先要有耐心，不要怕写，尝试写出看到的和想到的，多写几遍，多交流，多思考，才能不断提升自己的写作技能。

5. 练写过程中练习开头、经过和结尾的写作技巧

（1）练写开头

好的开头应该让读者感到惊喜、好奇或者引起共鸣。学生通过使用引言、叙述有趣的事情或问题、提供极端的观点或给出统计数据等方式实现吸引读者的目的。例如，可以用引言来开始作文。引用名言或格言等立刻给读者带来感性的体验。

（2）练写经过

好的经过应该有一个明确的主题句和一系列支持性的句子。学生可以通过使用过渡句、概括性句子和引用句子等方式来实现段落结构上的流畅性和连贯性。例如，可以使用"因此""另一方面""实际上"等转折和连接词，把段落内容和意思联系起来，从而使段落的逻辑关系更加清晰。

（3）练写结尾

好的结尾应该给人以深刻的印象，同时让读者明白文章的重点和思想。学生可以通过总结作文的重点、提出问题或加强观点等方式来实现这一目的。例如，可以用反问句的方式来结束作文，让读者深思或反思作文中的问题和思考点。

通过练习写开头、经过和结尾的写作技巧，学生能够掌握好的写作技巧，从而使作文更加生动、有逻辑性和有说服力。教师可以通过检查学生的作文来发现一些问题，然后提出具体的指导和建议，帮助学生进一步提高写作水平。

作文五步法是本书作者通过二十几年课堂实践总结出来的非常实用的写作方法。其中的"练写"环节是非常关键的一个步骤。这个环节的目的是通过反复练习提高学生的写作能力，使其表达更加准确、生动有力。在这个过程中，学生可以采用不同的习作，以不同的方式来练习作文的开头、经过和结尾的写作技巧，也可以通过练习写外貌、性格、习惯等来开拓写作技巧。

（4）练写人物外貌

写作是一项艺术，写作的过程需要考虑到作文外在的语言文字表现形式。因此，在练习写作的过程中，练习写不同人物的外貌可以从以下几个方面入手。

①观察现实生活中的人物。观察周围的人，留意他们的面部特征、身体形态、穿着打扮等方面。观察人物的五官、体型、肤色、发型、服饰等特点，以及他们的姿态、表情等，这些都能够帮助学生描写人物的外貌。

②借鉴文学作品中的描写。阅读各种文学作品，留意作者是如何描写人物的外貌。作者可能会用形象生动的语言来描述人物的特点，例如细腻的肌肤、深邃的眼眸、蓬松的头发等。通过分析这些描写，学生可以学习如何用准确、生动的语言来描绘人物的外貌。

③使用具体的形容词和比喻句。在描写人物外貌时，可以使用具体的形容词和比喻句来增强描写的形象感。例如，可以用"高大魁梧"来形容一个人的身材，用"明亮如星辰的眼睛"来形容眼睛的颜色和光芒等。这样的描写可以使读者更加清晰地想象人物的外貌。

④注意细节和特征。除了基本的五官和身体形态，注意描写人物的细节和特征。这可以使描写更加生动有趣。例如，可以描写人物的独特发型、面部特征

（如疤痕、胎记等）、身上的独特文身等。这些细节可以使人物更加独特和有个性。

（5）练写人物性格

写作是一项从内而外的创造活动，需要考虑到不同写作对象的思想、心理和性格等方面因素。因此，在练习写作过程中，学生可以多读一些不同类型的文章，并且进行分析和比较。学生可以更加深入地了解不同写作对象的个性、生活经历和创作背景等因素，从而有助于提高自己的情感表达和文学修养。练习写不同人物的性格可以从以下几个方面入手。

①观察和研究现实生活中的人物。观察周围的人，包括家人、朋友、同学等，留意他们的行为举止、语言表达、情绪反应等方面，以及他们的价值观、信仰、兴趣爱好等，这些都能够帮助你塑造丰富的人物性格。

②深入研究文学作品中的人物。阅读各种文学作品，留意作者是如何刻画人物的。分析人物的行为、对话、内心独白等，思考作者为什么选择这样的性格特点来塑造人物，从中汲取灵感和经验。

③创造自己的人物。可以通过角色扮演、写作练习等方式，创造出自己的人物。可以设定人物的背景故事、目标愿望、性格特点等，然后用文字将他们刻画出来。在创造人物的过程中，尽量多角度地思考他们的行为动机、内心世界，使人物更加真实和立体。

④进行性格测试和心理分析。参加性格测试或者了解心理学相关知识，可以帮助学生更好地理解人物性格。这些测试和知识可以提供一些框架和思路，帮助学生刻画人物时更加准确和具体。

（6）练写人的习性

在练写对象的生活习惯时，首先要确定写作的主题和角度。主题可以是任何与生活习惯相关的话题，例如"健康的生活方式""自律的行为习惯"等；而角度则是从什么角度去描述对象的生活习惯。可以通过各种途径调查对象的生活习惯，例如观察、采访、调查等。在这个过程中，应该尽可能地了解对象的生活方式，如平时的饮食、运动、作息等。要想描述对象的生活习惯，需要选择适当的描述方法，例如描述对象的日常行为或者通过故事的方式去展示对象的生活习惯等。在构思时，学生还可以考虑采用对比、描绘细节等手法，刻画对象的生活习惯。学生可以根据分析对象的生活习惯，从有序、规律、有益等角度逐一进行阐述。同时学生要注意作文内容的逻辑性和连贯性，让读者能够很好地理解作文的主旨。

6. 如何让学生用心去写

作文五步法的教学方法是面向每一位学生的。通过将写作过程分为五步的教学方法，作文教学面向每一位学生，旨在把课堂还给学生，让学生主动参与写作过程，用真情实感去写作。

教师通过引入有趣的话题、展示优秀的作文范例、讲述写作的乐趣等方式，激发学生的写作兴趣。同时，鼓励学生写作的自由性，让他们能够选择自己感兴趣的主题写作。学生写作时，教师鼓励他们写出真实的体验和情感。例如，组织实地考察、观察活动，或者让学生从自己的经历和感受出发，写出真实的情感和思考。教师要给予学生充分的肯定和鼓励，让他们相信自己有能力写好作文。教师可以及时给予学生反馈和评价，指出他们的进步和亮点，同时也要尊重学生的独特思维和表达方式。教师在学生写作过程中需要提供适当的指导和支持，进行写作技巧的教学，帮助学生掌握写作的基本要素和方法。教师还要给予学生写作方面的建议和帮助，帮助他们克服困难和提高写作水平，让学生成为写作的主体，发挥他们的主动性和创造性。教师可以引导学生制订写作计划，自主选择写作题目，进行自我评估，培养学生的自主思考和行动能力。

通过这一教学方法，学生在实际写作中表达自己的真实想法和观点，拒绝虚情假意的假话作文和套路作文。学生在教师的引导下，自主思考，自主实践，掌握写作技巧和方法，提高写作能力和水平，让作文更加生动、有趣、有意义。同时，这一方法也可以帮助学生提高写作能力和水平，让学生更加自信和有效地表达自己的想法和观点，为将来的学习和生活打下坚实的基础。同时，学生也可以在写作中表达自己的想法和观点，用心、用真情去写作，从而更好地体验写作的乐趣和意义。

"四改"

一、为什么进行"四改"——自己改、互相改、当面改、集体改

作文五步法强调"四改"的作用主要是培养学生自主学习、批判性思维、合作精神和团队协作能力，同时也可以提高学生的审美水平。"四改"是一个全面地培养学生写作能力的过程，可以帮助学生在写作中不断提高自我，同时也可以更好地与他人交流和合作。

【培养学生自主学习的能力】

"四改"的核心是让学生自主学习和自我提高。自己改和互相改让学生自己发现写作中的问题和不足，从而提高自己的写作能力。当面改和集体改则是在自我学习的基础上，通过和他人交流和讨论，更好地提高自己的写作水平。

【培养学生批判性思维能力】

"四改"的另一个作用是培养学生批判性思维的能力。通过自己改和互相改，学生需要对自己和他人的作文进行客观评价和批判，从而提高自己的批判性思维。通过当面改和集体改，学生需要更加深入地分析和讨论作文，进一步提高批判性思维的能力。

【培养学生合作精神和团队协作能力】

"四改"还可以培养学生合作精神和团队协作能力。通过互相改和集体改，学生需要相互协作和合作，共同提高了写作水平。通过当面改和集体改，学生需要在团队中学会沟通、表达和分工合作，进一步提高团队协作的能力。

【提高学生的审美水平】

"四改"帮助学生提高审美水平。在自己改和互相改的过程中，学生需要对作文的内容、结构和语言等方面进行评价和改进。通过和他人交流和讨论，

学生可以学习和借鉴别人的写作经验和技巧，提高自己的审美水平。

二、怎样进行"四改"

【自己改】

学生对自己的作文的构思和内容最了解。但是，学生的书面表达语言还不成熟，更主要的是他们的思维能力比较欠缺，难免有许多问题。这需要学生首先把自己能解决的问题解决掉，最起码要达到自己满意的程度。当然，学生还可以对自己的作文进行加工和润色。

【互相改】

这是学生互相学习、互相借鉴的过程。通过互相改，学生能发现自己作文的不足和别人作文的优点，能够起到取长补短的作用，也能发现自己在写作文时常出现的问题和毛病。互相改能够提升学生对自身写作水平的认识，既不盲目乐观，也不过度悲观，会产生客观评价。

【当面改】

作为教师不能让学生把"出口成章"习作直接写到作业本上。如果上面两次修改算是"两易其稿"，教师最起码要让学生"三易其稿"。这一环节应该由教师出面担当编审，既面对面地与学生交流，对学生的习作提出修改意见和建议，更要把学生在自己改和互相改中错漏和改错的问题加以补充和纠正。教师选出比较典型的问题习作进行修改。

【集体改】

这是一种既能解决典型问题又能面向全体学生的好方法，也是学生非常乐于接受和参与的游戏形式的方法。这个过程已经超越了听话、说话的范畴，提升到了口语交际的水准。教师根据需要把学生的习作分成一、二、三等。对较差的、问题较多的习作，可以用"专家会诊"的游戏方式进行，从全班同学中选出"主治大夫""主刀医生""助手""护士"等组成"专家组"，这种方式可给学生以自信心和责任感；对中等习作，可以采用辩论会的形式，分成正方、反方，对问题加以辩论，最终找出最佳解决方案；对优秀作文可采用参观考察团的形式，以组为单位选出团长最后汇报。

三、"四改"的实践方式

正如前面所述，学生有了充分的准备和积累，真正开始写作文就不那么望而却步了。学生心里有许多话要说，正好通过写作文一吐为快，作文也就一气呵成了。接下来的事情就是修改和润色，使自己的作文更加优秀。

【自己改的技巧与方法】

自己改是指学生在写作过程中需要对自己的作文反复斟酌和修改，完善作文的内容和语言表达。虽然学生在写作中可能会有很多的问题，但是他们是自己作文的写作者，对文中要表达的思想和观点最为了解。因此要让学生明确作文的要点和贯穿的主题，及时剔除无关紧要的内容和语句，使作文的主题清晰，结构合理，表达精准。

【自己改时需要重点关注的问题】

1. 作文语言是否简洁明了，连贯通顺。学生需要检查作文中使用的字词，尤其是要检查句子是否通顺，用字用词是否精准，并删减不必要的词语。

2. 段落结构是否合理，段落间是否衔接自然。学生需要检查作文的段落结构，使每个段落的意思清晰，段落间有衔接，完整呈现作文发展的整个思路。学生应该仔细阅读自己所写的作文，对作文中所表达的主旨和内容进行确认，并且检查作文的结构是否合理，是否有错字或者语句不通顺等。学生还应该注意作文中是否存在内容上的遗漏或者重复，需要保持一个客观的态度来进行自我检查。

3. 学生应该充分利用词典等工具来检查作文中的用字用词是否准确。对于那些不熟悉的生僻字和词语，需要及时进行查询和补充，以便使写作更加准确和严谨。

4. 学生需要检查作文所使用的标点、时态、语态等，发现拼写错误。学生需要删减作文中的废话，保留其重要内容。在自己写作文时，学生应该注意自己所使用的方言和口语的问题。学生习惯用一些方言和口语，这些习惯用语在表达时相对更简单和自然，但在写作中应避免使用这些口语，以免影响作文的表达。因此，学生应该更加注重语法的正确性，尽量避免使用方言和口语，以使作文更加标准和规范。

5.学生需要思考作文的创作意图,仔细体会作文蕴含的思想和表达的价值,并做适当修正和补充。在自己改作文时,学生还可以运用一些技巧和方法来丰富作文的内容。例如,可以在作文中引用一些名人名言和格言,使作文的主题表达得更有深度。此外,学生还可以结合自己的生活经验和所学知识为作文增加一些更具有说服力的证据和分析。在自己改的过程中,学生不仅能修正错误,还能补充和完善作文的表现手法和形式,并加强自己的创作和表达能力。虽然学生的语言表达尚不完善,但是通过反复练习和改进,不断提高写作水平,一定可以写出优秀的作文。

【互相改的技巧与方法】

互相改是指学生之间进行相互批改,即学生互相阅读作文,互相提出改进意见。互相改有助于学生提高写作水平,提高自我审查和检查的能力。互相改通常是通过小组活动或合作学习活动进行的。在这种环境下,学生可以学会协作和沟通技能,提高学习效果。

在互相改作文的过程中,学生可以了解自己作文的不足,同时可以认识到别人作文的优点和长处。通过互相改,学生会明确写作目标,然后努力改善自己作文的不足。互相改还能够帮助学生理解如何寻找和利用别人的建议来提高自己的写作质量。

互相改不仅仅使学生发掘自身潜力,更重要的是可以使学生更全面地认识自己,还能够更好地了解同龄人的想法和写作风格。对于教师而言,互相改也是一种很好的教学方式,使学生在师生交流的和谐氛围中逐步地提高写作水平。

【互相改时需要重点关注的问题】

1.学生先将自己的作文交给同桌或组内的其他同学修改。在互相改时,要注意作文结构、段落顺序等,指出其中存在的问题。改完后,还需要对自己的修改进行总结,找出自己还需改进的地方。

2.可小组互相改作文。小组成员可以相互分享作文,并进行修改、讨论、切磋。教师可以采取轮流阅读和互相点评的方式,让每个学生都有机会获得反馈。这样可以在小组之间建立良好的学习氛围,加强学生之间的合作意识和团队精神。

3.还有一种方法是利用网络平台进行修改。学生将自己的作文上传到平台,然后寻找其他同学的作文进行修改。在修改的过程中,学生可以直接在文稿上标注和修改,在评论栏中相互交流和对话。通过这种方式,学生不仅能远程交流,还能够接触到更多的学习资源,体验到更多的学习方式。

【当面改的技巧与方法】

在"四改"方法中,当面改是最重要的一环。它是指教师与学生进行面对面的交流,针对学生的习作提出修改意见和建议。在修改中,教师应该注重技巧和方法,以达到事半功倍的效果。

【当面改时需要重点关注的问题】

1.教师在进行修改时,要注重细节。学生的作文中往往会存在很多的笔误、语病和表达不当之处,而这些错误往往不能通过纸面修改来很好地改正。因此,在当面改的过程中,教师应该注重细节,指出学生作文中存在的错误,并对其进行逐一讲解。同时,教师也要启发学生,帮助他们找出错误的原因,让他们能够自发地避免类似的错误。

2.教师在进行修改时,要注重表扬。学生在写作中也有他们的优点和长处,而这些长处往往被忽略。因此,在当面改的过程中,教师要善于发现学生作文中的优点,对其进行肯定和表扬。这样不仅可以激发学生的自信心,还可以增强学生的兴趣,提高他们的写作热情。

3.教师在进行修改时,要注重问题的归纳和总结。当面改不仅仅是为了对学生的作文进行针对性的改正和指导,更重要的是要培养学生的自学能力。因此,在进行当面改时,教师要注重总结和归纳,提炼出作文中存在的普遍问题和不足之处,并深入地分析和讲解。通过减少学生作文中用字用词、遣词造句等常见的错误,教师提高学生的写作水平,进而增强学生的自学能力。

4.教师在进行修改时,要注重方法的创新和探索。教师在面对学生的习作时,应当根据学生的实际情况,采取不同的修改方式和方法。比如,对于较长、较复杂的作文,教师可以采用边读边改的方式,逐步指导学生挖掘作文的内容和精华;对于较简单的作文,教师可以采用分析和比较的方式,帮助学生理解各种文体和写作方式的不同。只有注重创新和探索，才能真正做到事半功倍，提高教学的效率和质量。

【集体改的技巧与方法】

作文五步法的集体改是一个非常有趣的方法，不仅可以解决学生典型的作文问题，而且可以激发全班同学的参与热情。这个方法是在自己改、互相改和当面改的基础上进行的，旨在通过全班同学的参与和讨论来提高作文质量。

【集体改时需要重点关注的问题】

1. 集体改过程中，教师可以将学生的作文分成一、二、三等。

教师把学生提交的一篇较差的作文，投在屏幕或黑板上，由全班同学共同参与讨论和修改。从全班同学中组成"专家组"，选出一名"主治大夫"、一名"主刀医生"、一名"助手"和一名"护士"。"专家组"中的"主治大夫"负责主导讨论和指导修改作文的过程。他可以带领全班同学一起分析作文中的问题，并提出改进的建议。"主刀医生"在讨论和修改作文的过程中起到重要作用。他可以针对作文中的关键问题提供具体的修改建议，并帮助同学们改进作文的表达和逻辑。这样的参与让学生在修改过程中受益匪浅，不仅可以提升自己的写作能力，也能学到他人的思考和表达方式。"助手"的任务是协助"主治大夫"和"主刀医生"修改作文，在讨论中提供额外的观点和建议。通过参与到集体修改过程中，学生能够互相启发，共同提高。还有一名"护士"，负责记录讨论和修改作文的过程，包括问题的发现、修改的建议和学生的反馈。这样的记录有助于全班同学回顾整个修改过程，从中总结经验和教训。这样的角色设置可以让学生感受到被班级认可和信任的荣誉，同时也激发了他们在修改作文过程中的责任感。

为了帮助中等水平的学生提高写作能力，集体修改作文可以采用辩论会的形式。教师可以将全班同学分成正方和反方两个团队，分别就作文中的问题进行辩论。正方团队可以提出作文的优点和亮点，反方团队则负责指出作文中的不足之处。

在辩论会中，学生可以自由发表自己的观点和意见，通过辩论的方式来探讨作文中的问题和改进的方法。正方团队可以通过辩论来强调作文的优点，反方团队则可以提出自己的不同看法和修改建议。通过这样的辩论过程，学生可以相互启发和学习，激发彼此的思维力和创造力。

在辩论会的结尾，可以进行一个总结和评选环节。教师可以引导全班同学一起总结辩论过程中得出的结论和解决方案。同时，还可以评选出最佳的解决方案，以及最佳的辩论者，鼓励他们在写作中继续努力。

通过这种辩论会的方式，学生不仅可以提高辩论和交流的能力，还能够学会用更准确的语言表达自己的观点和想法。同时，这样的集体讨论也能够激发学生的思考和创造力，帮助他们更好地改进自己的作文。这种方法既能够提高学生的写作水平，又能够培养他们的辩论和表达能力，是一种富有创意和互动性的集体修改作文的方式。

集体修改优秀习作时，可采取组织参观考察团的形式。以班级为单位，选出团长来汇报班上其他同学的成功之处。这不仅可以激励班上其他同学学习优秀的作文，也可以让学生互相学习、共同进步。

在参观考察过程中，团长可以将优秀作文的主题、结构、语言运用等方面进行详细介绍。他/她可以分享这些作文的亮点和成功之处，并向全班同学展示这些出色的写作技巧和思维方式。这样的分享和汇报可以激励其他同学学习优秀作文，也能够让学生在欣赏中获得启发和灵感。

在参观考察过程中，其他同学也可以提出问题和观点，与团长进行互动和交流。他们可以就作文中的某些方面提出自己的看法和建议，促进彼此间的思考和讨论。通过这样的互动和交流，学生可以相互学习，共同进步。

为了让优秀作文的影响能够持久地延伸，我们还可以将这些优秀作文收集起来，形成一个作文集或者展览。这样不仅可以让学生在阅读中获得更多的启发，也能够让他们在写作过程中有所借鉴和参考。

通过组织参观考察团的形式，我们可以激励和表彰优秀作文，让学生互相学习、共同进步。这样的集体修改作文方式能够营造积极的学习氛围，激发学生的创作热情，并提高他们的写作水平。同时，这样的活动也能够培养学生的团队合作和交流能力，促进班级的凝聚力和共同进步。

2. 集体改时教师要当好"导演",结合不同的教学情境来灵活运用。

在集体改过程中,教师可以起到指导和引导的作用,帮助学生分析作文中存在的问题,并提供相应的修改建议。教师还可以组织学生之间的辩论和讨论,引导他们合理表达自己的观点,这能够培养学生的口语表达能力和交流技巧。

教师还可以结合具体的教学情境来灵活运用集体改这个方法。例如,在学习一篇优秀作文时,可以组织学生进行集体改,让他们通过集体讨论和修改,深入理解作文的优点和技巧。或者在学习某个写作技巧时,可以让学生以小组为单位进行集体改,通过合作和交流来掌握这个技巧。

通过集体改这个方法,学生能够在游戏形式中交流和学习,提高作文水平和教学效果。同时,这样的活动也能够培养学生的合作意识和团队精神,促进班级的凝聚力和共同进步。教师在运用这个方法时,可以根据学生的实际情况和课程要求进行灵活调整,以达到最佳的教学效果。

四、注重批改和教育相结合

【为什么修改作文】

1.关于修改:批阅还是修改?对于教师,批阅作文是难上加难,头疼上火的原因,谁说教师一定要把学生的作文改得面目全非?作文批改到底谁在为难谁?

2.了解写作的过程及步骤。这是一个非线性的过程,从构思到起草,再到修改、修订、发表,是一个循环往复的过程。过去教写作是先构思,想好以后落笔,几十分钟里写出来,然后做一点儿修改,这样的写作行为方式是违背写作实践的。

3.真正的写作应该是学生充分地准备和积累,真正开始写作就不那么望而却步了。文章不厌百回改!好作文是学生自己改出来的,好作文不是教师改出来的。教师批改了很多文字之后,学生依旧看着作文就头疼,学期初的第一篇作文和最后一篇作文依旧毫无区别。教师付出的劳动是无效的,说明了作文不是教师改出来的。

4.如何修改作文?教师要注重批改和教育相结合。作文批改中教师的角色应是组织者、策划者和终评裁判者,而作文批改的主体应该是学生自己。让学生从评改的角度去审视反思自己和同学的作文，在反复实践中学会批改、修改作文。这不仅有助于培养合作意识，也能加深学生对写作规律的认知，养成勤改作文的习惯。

"五评"

一、为什么要进行"五评"练习

作文五步法的"五评"，是从词评、句评、段评、篇评、总评五个层面来评价学生的作文，是为了全面而系统地评价学生的作文质量，发现并指出作文中存在的问题，并提供相应的改进建议。因此，词评、句评、段评、篇评、总评五个层面的评价，能够帮助教师和学生全面了解学生的作文水平，发现问题并提供相应的改进建议，是一种科学有效的作文评价方法。

【在词评层面】

教师评价学生作文中使用的词，包括词的准确性、丰富性、是否使用了恰当的字词等，帮助学生提高词汇量，避免使用过于简单或不准确的词。

【在句评层面】

教师评价学生作文中的句子结构和语法，包括句子的长度、是否使用了多样化的句型、是否存在语法错误等，帮助学生提高语言表达能力，使句子更为通顺和流畅。

【在段评层面】

教师评价学生作文中的段落结构和逻辑关系，包括段落的开头和结尾是否恰当、段落之间的衔接是否吻合等，帮助学生提高段落组织能力，使作文更有条理和连贯性。

【在篇评层面】

教师评价学生作文的整体结构和主题，包括作文的结构是否合理、主题是否明确等，帮助学生提高整体思维能力，使作文更具逻辑性和连贯性。

【在总评层面】

教师评价学生作文的综合表现，包括对作文的语言表达、组织结构、主题表达等方面的评价，帮助学生全面了解自己作文的实际情况，发现自己作文的优点和不足之处，并提出改进建议，以提高作文水平。

二、怎样进行"五评"

【"五评"的目的】

作文的批改和评价，是对学生的习作再一次地修改、润色、评价的过程。根据新课标的要求和课堂改革的深入，对学生习作的评价机制和方式也要做相应的改变。

对学生的习作评价要突出一个"真"字。从字里行间，教师可以发现学生的闪光点，对学生的评价应采取少抑多扬，少贬多褒的原则。

在作文的"五评"过程中，教师和学生应以真实为出发点。这意味着学生应该诚实地看待被评价的作文，从中发现作文的闪光点和亮点。每个学生都有自己的特长和优势，教师应该通过"五评"来发掘和鼓励学生的潜力，让他们感到被认可和尊重。

教师在"五评"中也要注重指导和建议。对于学生作文中的问题，教师应适时提出具体的修改建议和改进方向，帮助学生改善写作技巧和提升表达能力。这样的评价不仅仅是一种批判性的指导，更是一种积极的指导和鼓励，让学生在"五评"中感受到帮助和成长。

三、"五评"的实践方式

【词评的技巧与方法】

一个好的词语能使学生的习作增色不少，一个恰当的词语更使学生的习作显得简练。教师应逐步让学生达到语文新课标中提出的"在写作中乐于运用阅读和生活中学到的词语"的要求。

在实践中，教师通常会给学生准备词汇卡片，让他们从中挑选、记录，并在作文中加以运用。通过词语的实际应用，帮助学生加深理解、认识并提高实际运用能力。在批改作文时，教师会对学生的词语使用进行较为详细的点评，对重点词语进行加深讲解，以便学生在后续的作文中能够运用得更加熟练和准确。

词评的技巧和方法对于提升学生的写作能力至关重要。

教师需要指导学生学习和记忆一些优美的常用词语，可以让学生编写一份词语表，列出具有代表性和实用性的高级词语及其运用方式，让学生背诵和模仿运用。同时，对于一些常见易混淆的近义词，教师要让学生加以区分，让学生逐渐形成自己的词语运用习惯。

教师要提醒学生注意词性，例如名词、动词、形容词的选择应该符合上下文的要求。同时，词语的修饰也必须可控。教师要提醒学生避免使用过多无意义甚至矛盾的修饰语。教师还要提醒学生注意写作文时尽量简练，精简无效修饰语的同时，也应该注意词语不重复，做到简练不失到位。

教师要督促学生注重词语的搭配，即词语的搭配应该遵循一定的规律。例如，形容词前面的修饰词应该放在特定位置，动词需要相应的名词、副词等来进行搭配。这样可以让词语在文中产生最佳的效果。

教师需要提供大量的范文样本让学生模仿。通过精读、仿写文本，学生从语言积累中领悟词汇表达的技巧与方法，培养了语感和审美能力。

如何做词评？首先，我们会对一些常用优美的词语进行讲解和推广；其次，引导学生注重词性、修饰语和词语的搭配；最后，通过大量的范文阅读和仿写，让学生在模仿中逐渐掌握词语运用的技巧，不断提升写作水平。

【句评的技巧与方法】

句子是作文最基本的组成部分。学生写作能力低下，一般表现在语感不强，语病较多。新课标要求"尝试在习作中应用平时积累的词、句……"，教师应该着重从这一方面点评。

作文是学生语文学习的重要组成部分。作文五步法中的"五评"是贯穿整个教学过程的,但在句评这方面教师需要注重学生基础写作能力的培养,尤其是语法和句子表达技巧的提升。以下是句评的具体技巧和方法。

1. 语法错误的纠正。语法是句子的基础,因此在句评过程中,及时指出学生句子中的语法错误,如主谓不一致、时态错误、冠词误用等。教师可以让学生做语法习题,或者口头讲解和案例演示,让学生将正确的语法运用到自己的句子中。

2. 词汇的丰富和运用。学生往往只会运用一些常用的词表达句子,因此在句评过程中,教师可以指出学生句子中词汇量的不足,提供更加丰富的词语选择。通过词语搭配和词形变化,教师让学生将丰富的词汇运用到自己的句子中。

3. 句子长度的掌控。句子太长或太短都会影响阅读者的理解和阅读体验。在句评过程中,教师可以指出学生句子长度的问题,并提供一些适当的缩短或拓展句子长度的方法,如使用破折号、逗号等。

4. 句子结构的多样性。句子结构的多样性可以让句子更加生动有趣。在句评过程中,教师指导学生多使用不同的句式和结构,让学生的句子更加生动有趣。

5. 表达意思的准确性。一个好的句子应该能够准确地表达作者的意思,避免歧义和误解。在句评过程中,教师可以关注学生句子表达意思的准确性,并提供适当的修改和建议,让学生的句子更加准确清晰。

句评是教师点评学生作文中最重要的环节之一,重点在于提升学生的基础写作技能(包括语法、词汇、句子结构等方面),用具体的方法和技巧指导学生,使学生逐步提升自己的写作能力。

在句评方面,我们通常会分析一些精妙的句式,如复合句、倒装句、插入语等安排练习,让学生在作文中使用。通过对这些句式进行讲解和演示,学生了解其运用的情境和方法,从而更好地运用到自己的作文中。在批改作文的过程中,我们同样会着重对句子的表达方式进行评价和点评。

【段评的技巧与方法】

学生对段落的划分,往往是传统的三段式,而不考虑习作的实际情况。新课标要求"能根据习作内容表达的需要分段表述"。作文五步法的"段评"是对作文中每个段落的内容、结构和语言进行评价和分析,旨在提高学生的段落撰写能力，使其逐渐形成清晰、连贯、有条理的表达方式。以下是一些技巧和方法。

1. 准确理解段落的概念

段落是文章中最基本的单位，由一组相互关联的句子组成，一般分为主题句、扩展句和总结句三部分。评价一段文字时，需要先审视其中的主题句并判断其是否清晰明确，然后分析扩展句的内容是否具有衔接性和丰富性，最后评价整个段落的结构是否紧密有序，是否达到了预期的写作目标。

2. 注重段落结构的相互依存

一个好的段落应该有内在的逻辑结构，每个句子必须与前后句子相互呼应，共同构成一个有机的整体。因此，评价段落时，除了注意每个句子的语言质量外，还要关注段落中句子之间的结构关系，从而提高段落独立性和连贯性。

3. 注重段落的论证力度

在议论文中，段落还有个作用就是论证文章的论点。因此，评价段落时也需要考虑是否有针对性地对主题进行论证；论证是否充分、合理和说服力强，是否能有效地引导读者思考和接受作者的观点。

4. 注重段落中的语言表达

语言是作文的灵魂，对段落语言表达的评价也是段评的重要内容。尤其在记叙文中，需要注意每个句子的语言表达是否准确、简练、生动，是否符合文章的语言风格和目的。同时，还需要评价段落中的转折、承接、比喻等修辞手法是否合理运用。

5. 注重实际切入点

评价一段文字时，教师需要考虑当前学生的写作水平和写作实际，不能盲目地要求学生达到某个规范化的标准。评价时教师需重点关注学生是否恰当地把握了作文内容的核心和重点，是否在适当的位置切入，并根据切入点展开论述，努力实现文字内容的完整、连贯和鲜明。

段评是作文教学中很重要的一步。经过对段落进行深入的分析和评价，教师就能帮助学生逐步提升作文能力，让作文更加清晰、生动和有说服力。

在段落的组成和结构上，我们通常会提供一些模板和范例及各类写作预设的语段结构，以帮助学生更好地组织段落，提升作文的逻辑性和连贯性。在点评作文时，我们会关注组织结构和段落的转换，以提高作文的结构和流畅度。

【篇评的技巧与方法】

新课标要求"抒真情，写实感"作为评价学生习作的首要标准。要让学生认识到，只有写实实在在的事，写自己最熟悉的事，才有话可说，才能具体，明白。当然，在写实的基础上"运用联想和想象来丰富表达的内容"。篇评是对一篇作文进行综合评价的过程，其评价的主要目标是作文的语言表达能力和内容表达能力。对于篇评的技巧和方法，有以下几点需要注意。

1. 篇评要注重整体性。评价过程中应该针对整篇作文进行评价，而不是只关注其中的某个方面。要结合作文的结构、内容和语言等多个方面进行综合分析和评价。

2. 篇评要以评为导，以指导为本。评价的目的是给学生提供有效的指导，帮助他们在写作中发现不足，改进不足，提高写作能力。因此，评价要有针对性和可操作性，要具有指导性和帮助性。

3. 篇评要注重思辨性。对于一篇作文的评价，不能仅停留在表面上，应该深入作文的内在逻辑和思想内涵上，进行深度思考和分析。了解学生的思维方式和写作思路，从而给出更加深刻和精准的评价。

4. 篇评还要注重客观性和公正性。评价的过程应该绝对公正。教师和学生剖析作文的优点和不足，认真考虑每个问题，给出客观准确的评价，确保评价的公正性，不要因为个人喜好或偏见而偏颇。

5. 篇评要注意具体化和可视化。对于评价的内容要具体化表述，尽量准确地描述学生的表达和内容，避免评价过于抽象和泛泛而论。同时，在评价的过程中，要注意运用具体的案例和事例来说明，让学生能够看到实际的写作效果和评价标准，帮助他们更好地理解、接受和改进。

在篇评方面，我们通常会注重学生的作文主旨、主题、主线和情感表达，进一步帮助他们提高作文质量。在批改作文时，我们会注重对作文结构的总体把控，关注语言流畅度和表达准确性，并通过实际案例指导学生提升自身写作技巧和水平。

【总评的技巧与方法】

总评是针对全体学生的习作的评价，是促进学生提高写作水平的一种重要手段，是对学习成效的检验、反馈或评定，在不断获得有关信息的反馈中，改进教师的教和学生的学，最终让学生掌握习作的技能。总体来说，教师在评价学生习作时，应该注重挖掘学生的优点，鼓励他们在写作中尝试新的词语和句式，提高语感和表达能力，同时指出学生习作中存在的问题，帮助他们纠正错误，提高水平。评价的方式应该多样化，包括文字评价、口头评价、等级评价等，让学生能够全面了解自己的习作情况，获得有效的反馈和指导。最终，评价的目的是帮助学生掌握习作的技能，提高写作水平，不断进步。

在总评方面，要对学生的作文进行积极评价，指出其优点和不足，并针对不同的学生给予不同的改进方向和建议，同时引导学生总结经验和不足，提高自身写作能力和水平。

1. 教师在总评时需要注意全局观。在全面掌握学生作文的基础上，要结合教育教学目标与实际情况，对当次作文的实际水平情况进行评价。总评贵在全面、公正、公平。针对不同年龄段、不同水平的学生，可以衡量的依据也不一样，教师应该对此有清晰的认识。

2. 教师在总评时要注重评价内容的及时性。及时反馈是有效评价的关键环节之一。学生在完成作文后，教师要及时地给予反馈，让他们有机会理解自己在作文中哪些地方表达不够准确或清晰，并知道应该如何改进和提高。

3. 教师在总评时，需要注重评价方式的多样性。具体而言，除了书面文字评价外，口头评价和等级评价也都是极为重要的方式，同时教师还可以设置一些学生自我评价和同伴评价的机制。这些不同的评价方式能够让学生更全面地了解到自己的作文情况，而不是单纯依靠一部分评定结果来判断。

4. 教师在进行总评时还需要注重激发学生的写作热情，并给予鼓励和肯定。总评的目的就是在学生写作文时能够总结归纳自己的语言、思维和审美方面的表现，并且说明遵守一定写作规范的好处。当然，这个过程也是需要教师对学生进行鼓励和激发的，特别对于那些需要进一步提高的学生应该给予鼓励和告知注意事项。

第三章

作文五步法在不同年级的
应用案例分享

小学阶段作文五步法的应用案例分享

一、如何制订教学计划

作文五步法是一种实用的写作教学方法，可以帮助学生全面、系统地写作。小学阶段的作文教学主要是"写人、写事、写物、写景、写想象"五大类型，教学计划按照以下步骤制订。

第一步：确定教学目标

在制订教学计划之前，首先需要确定教学目标。教学目标应该考虑到学生的年龄、认知水平和学习需求等因素。在小学阶段，教学目标可以包括培养学生的写作能力、提高学生的语言表达能力、提高学生的思维能力等。

第二步：制订教学内容

在确定了教学目标后，需要根据学生的实际情况制订教学内容。在小学阶段，可采用作文五步法进行教学，分为五个步骤：准备阶段、构思阶段、写作阶段、修改阶段和润色阶段。每个阶段都应该有具体的教学内容和方法。

第三步：选择教学材料

在制订教学计划时，需要选择适合学生的教学材料。教学材料应该符合学生的认知水平和学习需求，同时还应该有足够的实用性和可操作性。在小学阶段，可以选择一些简单的话题，让学生根据作文五步法进行写作。

第四步：确定教学方法

在制订教学计划时，需要确定具体的教学方法。在小学阶段，可以采用多种教学方法，如讲解、练习、讨论、展示等；还可采用互动式教学，让学生参与进来，提高学习效果。

第五步：制订教学评价方法

在教学计划中，还需要制订教学评价方法。教学评价应该与教学目标相一致，同时应该考虑到学生的实际情况和能力。在小学阶段，可以采用多种评价方法，如作业评价、口头评价、综合评价等。

以上五个步骤适合小学阶段各年级的"写人、写事、写物、写景、写想象"五大类型，教师可以据此制订小学全阶段的作文教学计划，具体如下。

【写人】

1. 确定教学目标：培养学生的人物写作能力，提高学生的语言表达能力。

2. 制订教学内容：准备阶段（确定人物形象、性格、特点）、构思阶段（设计情节、确定主题）、写作阶段（按照情节写出人物故事）、修改阶段（检查人物形象、情节是否连贯）、润色阶段（增加细节、调整语言）。

3. 选择教学材料（"一读"）：选择适合学生的人物题材，如自己、父母、朋友、名人等。

4. 确定教学方法（"二话、三练"）：采用讲解、讨论、练习等多种教学方法，让学生多角度地了解人物形象，提高写作能力。

5. 制订教学评价方法（"四改、五评"）：采用作业评价、口头评价、评比等多种评价方法，让学生了解自己作文的优点和不足，提高写作水平。

【写事】

1. 确定教学目标：培养学生的事件写作能力，提高学生的语言表达能力。

2. 制订教学内容：准备阶段（确定事件、时间、地点）、构思阶段（设计情节、确定主题）、写作阶段（按照情节写出事件故事）、修改阶段（检查事件是否连贯）、润色阶段（增加细节、调整语言）。

3. 选择教学材料（"一读"）：选择适合学生的事件题材，如自己的生日、校园趣事、节日活动等。

4. 确定教学方法（"二话、三练"）：采用讲解、讨论、练习等多种教学方法，让学生多角度地了解事件情节，提高写作能力。

5. 制订教学评价方法（"四改、五评"）：采用作业评价、口头评价、评比等多种评价方法，让学生了解自己作文的优点和不足，提高写作水平。

【写物】

1. 确定教学目标：培养学生的物品写作能力，提高学生的语言表达能力。

2. 制订教学内容：准备阶段（确定物品名称、特点、用途）、构思阶段（设计情节、确定主题）、写作阶段（按照情节写出物品故事）、修改阶段（检查物品描述是否准确）、润色阶段（增加细节、调整语言）。

3. 选择教学材料（"一读"）：选择适合学生的物品题材，如书包、文具、玩具等。

4. 确定教学方法（"二话、三练"）：采用讲解、讨论、练习等多种教学方法，让学生多角度地了解物品特点，提高写作能力。

5. 制订教学评价方法（"四改、五评"）：采用作业评价、口头评价、评比等多种评价方法，让学生了解自己作文的优点和不足，提高写作水平。

【写景】

1. 确定教学目标：培养学生的景物写作能力，提高学生的语言表达能力。

2. 制订教学内容：准备阶段（选择景物、确定写作角度）、构思阶段（设计情节、确定主题）、写作阶段（按照情节写出景物故事）、修改阶段（检查景物描写是否准确）、润色阶段（增加细节、调整语言）。

3. 选择教学材料（"一读"）：选择适合学生的景物题材，如自然风光、校园环境等。

4. 确定教学方法（"二话、三练"）：采用讲解、讨论、练习等多种教学方法，让学生多角度地了解景物特点，提高写作能力。

5. 制订教学评价方法（"四改、五评"）：采用作业评价、口头评价、评比等多种评价方法，让学生了解自己作文的优点和不足，提高写作水平。

【写想象】

1. 确定教学目标：培养学生的运用想象写作能力，提高学生的语言表达能力。

2. 制订教学内容：准备阶段（介绍想象写作的概念和特点，引导学生观察事物，并用想象构建新的事物或情境）、构思阶段（介绍构思的方法，如头脑风暴和思维导图等，让学生自由发挥，构思自己的故事情节）、写作阶段（提供写作指导，例如如何展开故事情节、如何描写场景和人物等）、修改阶段（引导学生检查作文的逻辑性、语言流畅性和精炼程度，让学生互相修改）、润色阶段（介绍如何使用文学修辞，如比喻、拟人和夸张等，让学生丰富作文的表现力）。

3. 选择教学材料：选择有趣的故事情节或想象空间，让学生写想象的事物，如"假期的一天""我的未来世界"等。

4. 确定教学方法：讲解法（"一读"），介绍写想象的基本概念和方法；讨论法（"二话"），鼓励学生分组讨论写想象，让他们分享自己的想法和经验，相互学习；练习法（"三练"），提供足够的练习机会，让学生多次练习写想象的事物，逐步提高写作能力；展示法（"四改"），让学生互相展示自己写想象的作文，培养他们的自信心和表达能力。

5. 教学评价法（"五评"）：作业评价，布置写想象作文的作业，对学生的作业进行评价和指导；口头评价，通过口头反馈，让学生了解自己的优点和不足之处，加以改进；综合评价，通过考试或小组演讲等方式，综合评价学生的想象能力和表达能力。

二、如何开展教学活动

根据"写人、写事、写物、写景、写想象"五大类型，如何应用作文五步法开展小学各年级的作文教学活动？可以按照以下步骤进行。

【一、二年级】

1. 确定教学目标：帮助学生了解写作的基本原则和技巧，提高学生的写作能力，增强表达能力。

2. 确定教学内容：教授基础写作技巧，如情景描写、事件描写等基础技巧等。

3. 选择教学材料：一年级选择简单、易懂的材料，如绘本、图画书等；二年级选择适当难度的材料，如名人传记、家乡介绍、写人等。

4. 制订教学方法：采用互动问答、朗读、模仿、练习、讲解、角色扮演等方法。

5. 实施教学过程：一年级通过故事、图片等进行启发，引导学生进行简单的写作练习；二年级通过观察、模仿、练习等方式，逐步提高学生的写作能力。

【三、四年级】

1. 确定教学目标：提高学生的写作水平，增强表达能力。

2. 确定教学内容：教授情景描写、人物描写、事件描写等高级技巧。

3. 选择教学材料：选择更加复杂的教材，如历史事件、名人传记、自然景观等。

4. 制订教学方法：采用写作练习、讲解、分组讨论等方法。

5. 实施教学过程：通过模仿、分析、练习等方式，逐步提高学生的写作能力。

【五、六年级】

1. 确定教学目标：提高学生的写作水平，增强表达能力。

2. 确定教学内容：教授人物描写、情景描写、事件描写等高级技巧。

3. 选择教学材料：选择更加复杂的教材，如历史事件、名人传记、自然景观等。

4. 制订教学方法：采用写作练习、讲解、分组讨论等方法。

5. 实施教学过程：通过模仿、分析、练习等方式，逐步提高学生的写作能力。

附 小学作文课实例

案例一

二年级语文下册《口语交际·春天里的发现》
第一课时（"一读、二话、三练"）教学设计

【教学目标】

1. 了解春天景色的特点，说出自己的发现和自己内心的感受。

2. 培养学生善于观察、乐于感受生活的能力，把自己看到的、听到的、感受到的说出来与同学们交流，加强表达能力。

3. 正确使用普通话，态度自然大方，乐于交谈，养成在交谈中认真倾听的良好习惯。

4. 通过训练，激发学生热爱生活、热爱大自然的情感。

【教学重点】

一、学生在自主创新性学习、小组合作探索交流中感知春天，认识春天，感受春天的美丽。

二、学生从观察发现中感受春天的美，激发学生的写作热情，培养学生的写话能力。

【教学难点】

激发学生表现的欲望，鼓励学生展开想象，把"新发现"有条理地写下来，培养学生写作习惯，提高学生的写话能力。

【教学准备】

①歌曲《春天在哪里》

②多媒体课件

③有关春天的图片、资料

【教学方法】

一、构建开放的课堂运行体系，教师准备多媒体课件和录音机，让学生体验、感受大自然春天景色的美，激发学生口头表达的欲望。

二、创设多个情景，以激发学生参与的积极性。如通过歌曲、分组讨论和合作交流，创设表达情景；通过组织学生走进公园，把课堂开到公园中去，让学生亲身体验春天，创设一种生活情景。

【教学过程】

一、听歌曲，说春天（"一读"）

1. 导入

师：我知道咱们班的同学都喜欢听歌、唱歌。今天，我给大家带来一首旋律欢快的歌曲《春天在哪里》。

2. 播放歌曲《春天在哪里》

"春天在哪里？春天在哪里？春天在那青翠的山林里，这里有红花呀，这里有绿草，还有那会唱歌的小黄鹂……"同学们边唱边舞，进入情景。

3. 师生交流

师：同学们，歌曲中的小朋友在什么地方找春天呢？他们是怎样找到春天的呢？

4. 生生交流

师：听了歌曲，你仿佛看到了什么？听到了什么？

以同桌为小组交流，然后个别向全班汇报。

5. 教师小结，揭示课题

师：是啊，春天是美好的，红花开放，绿草如茵，黄莺在春天里歌唱。小朋友就是根据这些发现春天到了。今天，我们就以"春天里的发现"为题进行口语交际。

学生通过听歌曲，知道了歌曲中的小朋友从"红花、绿草、黄莺"等景物中发现春天到了。学生知道了这些特点后，为学习新课做好了铺垫。

二、看课件，谈发现（"二话"）

1. 导语

师：春天在不同人的眼里有不同的感受。下面，请同学们一起来欣赏一下春天的美景，相信大家会有好多新的发现、新的感受，让我们一起走进春天，共同感受春天的快乐。

2. 播放描绘春天景物的课件

金黄的迎春花，粉红的桃花，雪白的梨花，辛勤的蜜蜂，飞来飞去的燕子……

师：春天里的景色美吗？让我们一起走进春天，用眼睛去看，用耳朵去听，用鼻子去闻，用心灵去感受美好的春光，并把你的新发现与同学们一起交流，好吗？

注意鼓励学生用不同的方式，表达不同的感受。如：

欣赏了图，我发现迎春花露出了嫩嫩的小芽，好像在报告春天到了。

看着粉红的桃花，我好像闻到一股淡淡的清香，我感受到春天真美好。

我发现小蜜蜂在辛勤地劳动，知道春天来了。

我发现燕子飞来飞去，让我感到春天到了。

我发现……

引导学生从不同的角度，不同的方式说出自己的见解，有利于创新能力的培养。正如著名教育家刘锦新所说的："我们要把创新的范围看得广一些，不要看得太神秘，只要有一点儿新思路、新意思、新观念、新意图、新做法，就可称得上是创新。"

三、自由谈，赞春天（口语交际）

1. 在春天里，同学们最想去做什么，与小组里同学互相交流。

2. 引导学生说出自己的想法、希望，如春季运动会、春游、画春天、书签、抓紧时间勤奋学习、珍惜时间等。

这一设计，学生能充分参与交际的情景，激发兴趣，创设全体学生参与的条件，激励学生在多向互动的动态式活动中进行对话，发表独特感受，培养口语交际能力。

四、走进公园，说春天、画春天、拍摄春天（"三练"）

1. 带领学生走进公园。（自由组合，欣赏公园的春天）

要激发学生的参与兴趣，良好的情景氛围是前提。所以教师把学生带出教室，走进公园，把春天的景色真实地再现于学生眼前，激发学生的表达欲望。

2. 请学生用不同的方式表达对公园春天的赞美。（自由组合）

这一环节的设计，让学生自己选择喜欢的方式，真正体现了"以生为本，以促进学生的发展为本"和"自主、合作、探究"的教学理念。

五、课外延伸（自选）

1. 向父母或邻居小朋友讲讲自己发现的春天的景色，以及发生在春天的事。

2. 收集有关春天的图片、诗歌。

注意课内外的结合，课内向课外延伸。鼓励学生在日常生活中锻炼口语交际能力，突显了语言表达的交际功能，强化了口语交际的实用功效。

案例二

五年级语文上册第六单元习作《父母的爱》第一课时
（"一读、二话、三练"）说课稿

本次授课内容是人教版小学语文教材五年级上册第六单元的习作《父母的爱》。下面我将通过说教材、说设计依据、说教学目标、说教学重难点、说教学准备、说教法和学法、说教学过程来介绍我的教学设计。

【说教材】

《父母的爱》是人教版五年级下册第六单元训练的习作话题，它秉承了本单元的主题，与课文结合得十分紧密。因刚刚学习了有关父母对孩子不同的爱的故事，学生还沉浸在其中，转而让学生讲讲父母对自己爱的故事，既激发了学生讲述的兴趣，又把学生的目光由文本引向了生活。

【说设计依据】

语文新课标指出作文教学应贴近学生的生活实际，让学生易于动笔，乐于表达，应引导学生关注现实，表达真情实感；应注意培养学生观察、思考、表现、评价的能力；应为学生的自主写作提供有利的条件和广阔的空间，减少写作对学生的束缚，鼓励学生自由表达和有创意地表达。结合学生年龄特点，我们设定作文五步法中的"一读、二话"的教学模式贯穿说话训练，让学生各自选择最能表达父母关爱自己的一件事，不拘形式地进行表达；并采用"三练"中"练开头"等方式，培养学生的写作能力和爱父母的思想感情。

【说教学目标】

一、让学生初步了解作文五步法，并采用"一读、二话、三练"环节贯穿整堂课。

二、围绕"父母的爱"这一话题进行口语交际，交流时做到内容充实，有条理，语气、语调适当，敢于发表自己的意见；听他人说话时，认真耐心，能抓住要点。

三、让学生在交际与沟通中理解什么是父爱、母爱，培养学生的口语表达能力，增强学生口语表达的自信心，让学生在交际与沟通中理解什么是父爱、母爱。

【说教学重难点】

让学生初步了解作文五步法，并采用"一读、二话、三练"环节贯穿堂课。

在口语交际的过程中，学生进一步提高口语表达能力，并能大胆、有条理地说出自己与父母之间难忘的瞬间或场景，明白父母的爱是无处不在的。

让学生明白父母的用心良苦，并懂得孝敬、尊敬父母。

【说教学准备】

多媒体课件

【说教法和学法】

在教法上主要采用探究式和激励评议法；在学法上主要采用小组合作、交流讨论等方式。

【说教学过程】

一、谈话导入

以亲切的话语导入课堂，引出作文五步法环节，让学生初步了解，引起学生的学习兴趣。

二、引出话题

1. 明确我们的口语交际采用的是作文五步法中的"一读、二话"两个环节。

2. 说明"一读"的一个要求是，在回顾课文时，教师引导学生积累好词佳句，并鼓励学生能运用到自己的习作中去；"一读"的另一个要求是，学生要注意口语交际的要求，明确本次交际的目的，并达到预定目标。

3. 出示三则小故事（课件出示），组织学生迅速用默读的方式浏览，为下面的拓展练习做铺垫。

三、联系实际，畅所欲言

1. 多种方式创设情景，唤醒了学生对父母之爱的深刻理解。设置欣赏音乐激起学生表达的欲望，用图片引起回忆，课件出示一些显现父母关爱孩子的温馨图片，唤醒了学生对父母之爱的切身感悟。学生看了这些很熟悉的温馨画面，就会想到自己受到的类似的关爱，回忆事例就有话可说。当学生在说的过程中，采用"二话"环节，听和说相互结合，让学生交流时有一定的逻辑性，创设情境拓宽素材的选择性，帮学生提高了认识，拓展了思维，理解了父母之爱的深沉与宽广。

2. 听、说、评相结合。在听、说的基础上引导学生进行简单的评价训练，让学生能发现别人的优点和缺点，不断拓宽自己的思维和视野，增强自己写作的能力。

四、小练笔（"三练"环节）

引导学生练习写开头。引导讨论：写开头可以用哪些方式？

让学生用一两句话写一个简短的开头。教师巡回指导。抽取一两个学生的开头进行评价和补充。

以上几个环节结合了说话训练的同时,激发了学生写作的兴趣,鼓励学生写好作文。教给学生方式方法是作文五步法秉承的一种教学理念,可以灵活运用,熟能生巧。

五、布置作业(课件展示)

要求学生完成习作,并完成"四改"(自己改、互相改、当面改、集体改)环节中的"自己改、互相改"两个环节,为下节课的"四改、五评"环节做好充分准备。

案例三

五年级语文上册第六单元习作《父母的爱》第一课时("一读、二话、三练")教学设计

【教学目标】

一、让学生初步了解作文五步法,并采用"一读、二话、三练"环节贯穿整堂课。

二、围绕"父母的爱"这一话题进行口语交际,交流时做到内容充实,有条理,语气、语调适当;听他人说话时,认真耐心,能抓住要点,敢于发表自己的意见。

三、让学生在交际与沟通中理解什么是父爱、母爱,培养学生的口语表达能力,增强学生口语表达的自信心。

【教学重难点】

让学生初步了解作文五步法,并采用"一读、二话、三练"环节贯穿整堂课。

在口语交际的过程中,学生进一步提高口语表达能力,并能大胆,有条理地说出自己与父母之间难忘的瞬间或场景,明白父母的爱是无处不在的。

让学生明白父母的用心良苦,并懂得孝敬、尊敬父母。

【教学准备】

多媒体课件

【教学过程】

一、谈话导入

1. 我是马老师,今天很高兴能为大家上这一堂课,希望同学们能积极地配合老师。

2. 今天,我给大家带来了一种全新的教学模式,叫作"作文五步法"(课件出示作文五步法步骤)。

3. 本节课我们主要采用"一读、二话、三练"三个环节,下面我们依次进行。

二、引出话题

1. 引导回顾第六单元课文内容(课件出示):

《地震中的父与子》父亲撼人心魄的爱

《慈母情深》慈母支持和鼓励的爱

《"精彩极了"和"糟糕透了"》中母亲的慈爱和父亲严厉的爱

《学会看病》母亲睿智的爱

在这些课文中你积累了哪些好词佳句,马上浏览一下,并圈画出来。我希望同学们能把这些好词佳句用到口语交际和习作中。

我们在父母的爱中长大,每位父母都爱自己的孩子,爱的方式却不尽相同,今天我们就谈谈父母的爱。

2. 板书课题"父母的爱"

3. 指名学生读本次口语交际的要求(指名读,教师强调要点)。

4. 出示三则小故事(课件出示),组织学生迅速用默读的方式浏览。

(1)指名学生说说自己的看法。

(2)鼓励其他学生补充,并能说出自己的建议。

三、联系实际,畅所欲言

1. 分析了以上三则小故事,我们看到了父母表达爱的方式不一样,我想同学们和父母之间这样的故事会更多,你们愿意分享吗?

2. 引导学生看几张图片,引起学生的回忆。

3. 你在生活中有过类似的故事吗?给同学讲讲你和父母之间的故事。

(先回忆一下,可以用自己最舒服的状态去回想,如闭上眼睛。)

4. 出示"二话"环节要求

说：要把自己和父母之间发生的事说清楚，具体、明白、有感情地讲出来，并由此体会到父母对你的爱。

听：认真听，仔细想，听后可以补充，也可以提建议，谈感受。

5. 指名学生分享父母对你爱的故事。你要体会到父母对你爱的表达方式是怎样的，对你有什么影响。你能理解这种表达方式吗？

6. 在学生无从说起时给提示让学生参考，可以贯穿说说（课件出示）：

（1）那一晚，我发烧……

（2）那一天，我上学少穿了一件衣服……

（3）有一次我考试没考好……

（4）我过生日那天……

（5）有一次，爸爸（妈妈）生病了，可是他（她）依然……

再次组织学生进行小组讨论，让小组推荐比较典型的实例说说，其他同学补充或评价（贯穿"二话"和"五评"的内容）。

教师引导学生补充总结（你喜欢你父母对你爱的表达方式吗？父母为我们付出了一切，作为子女我们应该怎么做？）。

过渡：刚才同学们说得很棒，能把自己和父母之间的故事清楚、有条理地表达出来；听的同学也很认真，能找出同学表达的优点和缺点，甚至能发表自己的意见，让老师很佩服。既然你们说得这么好，我相信你们也能把说的写出来，下面我们进行一下小练笔。

四、小练笔（"三练"环节）

引导学生练习写开头。（由于时间关系，今天我们利用几分钟写一个开头。如果让你写，你会怎样写开头，并能引起读者的兴趣？）

讨论：写开头可以用哪些方式？（一个好的开头是作文成功的一半。）

让学生用一两句话写一个简短的开头。（教师巡回指导。）

抽取一两个学生的开头进行评价和补充。（进行比较评价，并让学生说说是用什么方式开头的？为什么这样开头？如果让你写，你会怎么写？）

教师补充：开头和过程要紧密联系，也要和结尾相呼应，这样写出来的作文更真实感人。刚才的小练笔中，可以看出同学们的写作方法很多，加上口语交际的练习，我相信你们都能把《父母的爱》这篇习作写好。

五、布置作业（课件展示）

课后完成一篇习作，注意用具体的事例表达出父母对你的爱，并完成"四改"环节中的"自己改、互相改"两个环节。

案例四

五年级语文上册第六单元习作《父母的爱》第一课时（"一读、二话、三练"）教学反思

本节课内容是五年级语文上册第六单元习作的第一课时，采用了作文五步法的"一读、二话、三练"三个环节。

"一读"环节中我先让学生回顾课文内容，同时让学生积累好词佳句，然后提示他们把这些好词佳句运用到习作中。读口语交际的要求，这也是"一读"的重点明确要求，学生才能围绕这个话题说话、听话训练。在出示三个故事环节中，引导学生讨论交流的方式，简单地让学生去说说看到了什么。本节课的重点是引导学生说说他们和父母之间的小故事。借助课件"图片展示""小提示"等环节，充分激发学生的回忆，慢慢引导，然后指名学生谈谈自己和父母之间的故事。这个环节主要贯穿作文五步法的"二话"环节，即"听话、说话"训练。学生通过"互相听说""五评"内容的穿插，能说出自己的故事，并能按步骤叙述。听的学生也能找出发言者的优缺点，并能提出自己的建议。"三练"环节中，由于时间关系，引导学生只写了一个简单的开头，讨论开头有哪些值得借鉴的方式方法，然后抽取一两位学生的开头进行简评、补充。在这基础上鼓励学生写出更好的习作，最后引导学生进行一个小的总结，让学生明白父母的爱，并引申到孝敬父母、关爱父母的话题上去。

布置作业时，让学生完成一篇习作，并完成"四改"中的"自己改，互相改"环节，为下节课的"四改""五评"环节做铺垫。

本节课的重难点突破得还是不太好，原因是学生的配合不太好，课堂气氛

不活跃，这可能与自己的引导和方法不切实际有关。另外就是我对作文五步法还不能够熟练地应用，没有充分领会到理念，有待于不断地摸索、研究。最后还要加强PPT的制作训练，提高自身的语言组织能力和表达能力。

案例五

五年级语文上册第六单元习作《父母的爱》第二课时（"四改、五评"）说课稿

下面将从说教材、说学情、说教学目标、说教学重难点、说教法和学法、说教学过程几个方面对本课进行说明。

【说教材】

习作《父母的爱》是人教版五年级上册第六单元的内容，本节课主要是让学生学会运用作文五步法进行作文的写作，引导学生在畅所欲言的基础上，运用作文五步法。本节课让学生学会运用"四改、五评"来修改和评议自己的习作。

【说学情】

五年级学生对作文的修改和评议已经有初步的认识。教师让学生学会运用作文五步法，主要是引导学生熟练运用修改符号，学会集体合作修改习作，学会评议自己的习作。

【说教学目标】

1. 让学生学会运用作文五步法中的"四改、五评"环节。
2. 让学生对自己上节课结束后所写的《父母的爱》的习作草稿进行修改。
3. 注意修改符号的运用和作文修改的方法。
4. 充分发挥学生之间互助的作用，让学生学会修改自己习作中的不足之处。
5. 通过修改和交流发现自己习作中的不足之处。

【说教学重难点】

学生学会运用修改符号。

能通过合作的方式找出自己习作中需要改进的地方。

【说教学准备】

课件、学生习作幻灯片

【说教法和学法】

注重培养学生观察、思考、表达和创造的能力。要求学生说真话、实话、心里话，抵制抄袭行为。在教法上，主要采用作文五步法；同时采用习文结合法，通过结合课文，让学生能够在习作中有意识地运用课文中的表达方法和描写方法。在学法上，主要采用学生交流探讨法。

【说教学过程】

一、回顾、导入

师：上节课同学们已经通过交流表达了自己感受到的父母的爱。本节课老师给大家带来了一些习作。在这些习作中，同学们写了各自用不同的方式表达对父母的爱。但是因为这些习作是草稿，所以问题比较多。下面老师请同学们帮忙，一起来修改这些习作，共同找一找习作中还有哪些需要改进的地方。

学生拿出自己的习作或者教师发放习作草稿。

二、讲授新课

1. 板书课题"四改（习作的修改）"

师：今天老师给大家带来一种新的修改方法，它会让大家喜欢上作文。那么先来看看是什么方法呢？

2. 四改：自己改、互相改、当面改、集体改

（1）第一、第二、第三个环节（自己改、互相改、当面改同步进行）

此环节教师复述一遍，让学生课前完成。

恰当运用修改符号和方法（课件出示修改符号，并简单介绍用法）。

结合习作要求，看是否表达得清楚具体。

同桌之间互相交换习作，彼此找一找习作中有哪些需要修改的地方。

教师在巡视的过程中，注意学生互相改习作时有哪些自己解决不了的问题，教师帮助学生共同修改。

（2）第四个环节（集体改）

教师出示一篇问题较多的习作。

师：这篇习作草稿有许多的问题。它生病了，需要同学们一起帮它治治病。同学们找一找，这篇习作有哪些地方需要治疗，需要修改。

教师出示游戏规则。

A. 让学生分小组讨论，选一些同学上台完成修改的任务。

B. 上台的学生分成"主治大夫"和"护士"。"主治大夫"完成主要的大范围修改工作，其他几个学生可以扮演"护士"的角色，协助"主治大夫"完成习作的修改。

C. 下面的学生可以继续讨论，会诊，对于上台的学生的修改有异议时可以替换轮流上台提出问题。下面学生举手时，可以让台上的学生停下来采纳下面学生的合理建议，补充其他学生的意见。

D. 修改完前几个自然段后，把剩下的几个自然段留给游戏结束以后，按照刚才的方法独立完成。

E. 教师担当顾问。学生有大篇幅的增减修改时，教师帮助学生板书。

三、师生评议（五评：词评、句评、段评、篇评、总评）

师生共同分析这篇习作值得借鉴和不足之处。

拓展延伸：学生在集体修改这篇习作之后，再次修改自己的习作中的不足之处。可以在自己的习作中加入一些闪光点分享给大家，让大家借鉴。

四、课堂小结

通过本节课，学生学习如何去修改习作，学会借鉴别人习作中的长处。

五、布置作业

继续修改习作，誊写自己的习作。

案例六

**五年级语文上册第六单元习作《父母的爱》第二课时
（"四改、五评"）教学设计**

【教学目标】

一、让学生对自己上节课后所写的《父母的爱》的习作草稿进行修改。

二、注意修改符号的运用和作文修改的方法。

三、充分发挥学生之间互助的作用，让学生学会修改自己习作中的不足之处。

四、通过修改和交流发现自己习作中的不足之处。

【教学重难点】

学生学会运用修改符号。

能通过合作的方式找出自己习作中需要改进的地方。

【教学准备】

课件、学生习作幻灯片

【教学过程】

一、回顾、导入

师：上节课同学们已经通过交流表达了自己感受到的父母的爱。本节课老师给大家带来了一些作文。在这些作文中，同学们写了用不同的方式表达对父母的爱。但是因为这些作文是草稿，所以问题比较多。下面老师请同学们帮忙，一起来修改这些习作，共同找一找习作中还有哪些需要改进的地方。

学生拿出自己的习作或者教师发放习作草稿。

二、讲授新课

1. 板书课题"四改（习作的修改）"

师：今天老师给大家带来一种新的修改方法，它会让大家喜欢上作文。那么先来看看是什么方法呢？

2. 四改：自己改、互相改、当面改、集体改

（1）第一、第二、第三个环节（自己改、互相改、当面改同步进行）

此环节教师复述一遍，让学生课前完成。

恰当运用修改符号和方法（课件出示修改符号，并简单介绍用法）。

结合习作要求，看是否表达得清楚具体。

课件出示修改习作中要修改哪些内容：a. 错别字；b. 标点符号；c. 格式；d. 用词是否准确；e. 表达是否清楚，运用摘抄的句子是否合适、恰当；f. 内容是否完整、具体。

同桌之间交换习作，彼此找一找习作中有哪些需要修改的地方。

教师在巡视的过程中，注意学生互相改习作时有哪些学生自己解决不了的问题，教师帮助学生共同修改。

（2）第四个环节（集体改）

教师出示一篇问题较多的习作。

师：这篇习作草稿有许多的问题。它生病了，需要同学们一起帮它治治病，同学们找一找，这篇习作有哪些地方需要治疗，需要修改。

教师出示游戏规则。

A. 让学生分小组讨论，选一些学生上台完成修改的任务。

B. 上台的学生分成"主治大夫"和"护士"。"主治大夫"完成主要的大范围修改工作，其他几个学生可以扮演"护士"的角色，协助"主治大夫"完成习作的修改。

C. 下面的学生可以继续讨论、会诊，对上台的学生的修改有异议时可以替换，轮流上台提出问题。下面学生举手时，可以让台上的学生停下来采纳下面学生的合理建议，补充其他学生的意见。

D. 修改完前几个自然段后，把剩下的几个自然段留到游戏结束以后，按照刚才的方法独立完成。

E. 教师担当顾问。学生有大篇幅的增减修改时，教师帮助学生板书。

三、师生评议（"五评"）

师生共同分析这篇作文值得借鉴和不足之处。

词评时，教师尽量让学生运用学过的或学生收集的好词佳句。（"一读"要求的。）

句评时，学生要突出细节描写，用心理活动、语言、动作、表情等的描写来改变习作中的假大空和粗线条描写。

段评和篇评时，学生要突出评价常用的三段式写作的习惯，改用多个自然段落写作，有过渡段，有一定的写作技巧。（让学生翻开书，查找所学课本中内容有多少个自然段，加以证明多段描写的好处。）

拓展延伸：学生在集体修改这篇习作之后，再次修改自己的习作中的不足之处。可以在自己的习作中加入一些闪光点分享给大家，让大家借鉴。

四、课堂小结

通过本节课，学生学习如何去修改习作，学会借鉴别人习作中的长处。

五、布置作业

继续修改习作，誊写自己的习作。

案例七

五年级语文上册第六单元习作《父母的爱》第二课时（"四改、五评"）教学反思

本节课是作文教学的第二课时，主要运用作文五步法，让学生在学习上节课作文五步法的"一读、二话、三练"的基础上进行作文课的"四改、五评"环节。

在上课中我感受到，学生在平时写作文时能运用作文五步法，学生在写作文时不再觉得是个难题。学生通过第一课时的"一读、二话、三练"环节，在写作文时有内容可写。本节课主要是让学生学会怎样去修改自己的作文和如何发现作文中的优点和缺点。在教学过程中，学生能运用修改符号对自己的习作进行修改。通过做游戏的形式，学生以集体改、互相改的方式找出自己习作中需要修改的地方，能在轻松的课堂氛围中学会如何修改自己的习作，如何借鉴别人作文中的优点，改正自己作文中的不足之处。通过师生之间、学生之间的合作，学生体会到了修改作文的乐趣。

本节课学生对重难点突破得较好，教学目标也基本实现。我仔细思考，还有一些遗憾：一是学生使用修改符号不是很熟练，需要让学生在平时加强练习恰当使用修改符号；二是由于时间关系，学生在评议作文时，没有完全把自己作文需要改进和长处说出来。

在本节课中，我和学生的收获还是很大的。在今后的教学中我将继续加强作文五步法的运用，让学生在作文五步法的帮助下可以轻松写出一篇篇优秀的作文。

案例八

人教版五年级语文下册第二单元习作《难忘童年》第一课时（"一读、二话、三练"）说课稿

本次授课是人教版五年级语文下册第二单元的口语交际课《难忘童年》。下面我将通过说教材、说教学目标、说教学重难点、说教法和学法、说教学准备、说教学过程来介绍我的教学设计。

【说教材】

《难忘童年》是人教版五年级语文下册第二单元口语交际训练的话题。它秉承了本单元的主题，与课文结合得十分紧密。因刚刚学习了有关童年的诗和故事，学生还沉浸在其中，所以我转而让学生讲讲自己的童年故事。这样既激发了学生讲述的兴趣，又把学生的目光由文本引向了生活。结合学生年龄特点，我设定作文五步法中的"一读、二话"的教学模式贯穿说话训练，让学生选择童年最难忘的事来说说，表达对童年生活的难忘之情。本次授课采用"三练"中"练开头"等方式，培养学生的写作能力。

【说教学目标】

一、知识与技能

1.让学生初步了解作文五步法，并采用"一读、二话、三练"环节贯穿整堂课。

2.围绕"难忘童年"这一话题进行口语交际。交流时做到内容充实，有条理，语气、语调适当，敢于发表自己的意见；听他人说话时，认真耐心，能抓住要点。

二、情感态度与价值观

培养良好的听说习惯，学会倾听、交流、互动。

激发学生对往日美好生活的怀念，知道珍惜童年，热爱生活。

【说教学重难点】

让学生初步了解作文五步法，并采用"一读、二话、三练"环节贯穿整堂课。

能按一定的顺序进行交流，交流中要表现出童年生活的丰富多彩。

【说教法和学法】

在教法上，主要采用激励、评议法；在学法上，主要采用讨论、交流相结合。

【说教学准备】

准备好歌曲《童年》的音频以及其他多媒体课件等。

【说教学过程】

一、谈话导入

以亲切的话语导入课堂，引出作文五步法环节，让学生初步了解，引起学生的学习兴趣。

二、引出话题

1. 明确我们的口语交际采用的是作文五步法中的"一读、二话"两个环节。

2. "一读"的一个要求是，在回顾课文时，学生积累好词佳句，并能运用到自己的习作中去；"一读"的另一个要求是读口语交际的要求，明确本次交际的目的，并达到预定目标。组织学生迅速用默读的方式浏览，为下面的拓展练习做铺垫。

三、联系实际，畅所欲言（"二话"）

1. 采用"二话"环节，听和说相互结合。让学生交流时有一定的逻辑性，创设情境拓宽素材的选择性，帮孩子提高认识，拓展思维，激发学生对童年生活的回忆和难忘。

2. 听、说、评相结合。在听、说的基础上引导学生进行简单的评价训练，让学生能发现别人作文的优点和缺点，不断拓宽自己的思维和视野，增强自己写作的能力。

3. 延伸童年乐趣。课外拓展使学生有兴趣、有欲望去了解父母或祖父母的童年生活。他们的童年生活和自己的童年生活形成鲜明的对比，这能起到一定的教育意义，让学生懂得珍惜现在幸福、美好的童年生活。

四、小练笔（"三练"）

引导学生练习写开头，引导讨论：写开头可以用哪些方式？

让学生用一两句话写一个简短的开头。教师巡回指导，抽取一两个学生的开头进行评价和补充。

以上几个环节结合了说话训练的同时，激发了学生写作的兴趣，鼓励学生写好习作，教给学生方式方法是作文五步法秉承的一种教学理念，可以灵活运用，熟能生巧。

五、布置作业（课件展示）

要求学生完成习作，并完成"四改"环节中的"自己改、互相改"两个环节，为下节课的"四改、五评"环节做好充分准备。

案例九

五年级语文下册第二单元习作《难忘童年》第一课时（"一读、二话、三练"）教学设计

【教学目标】

一、通过交流，感受童年生活的纯朴难忘。激发学生对往日美好生活的怀念，知道珍惜童年，热爱生活。

二、让学生在具体的交际情境中，培养倾听、表达和应对能力，并表达自己的真情实感。

三、要求学生在交流时做到听人说话认真、耐心，语言文明礼貌。

【教学重难点】

能按要求讲述童年故事。

能按一定的顺序进行交流，交流中要表现出童年生活的丰富多彩。

【教法与学法】

在教法上，主要采用激励、评议法；在学法上，主要采用讨论、交流相结合。

【教学准备】

准备好歌曲《童年》的音频以及其他多媒体课件等。

【教学过程】

一、谈话导入

1.我是苏老师，今天很高兴能为大家上这一堂课，希望同学们能积极地配合老师。

2.今天,我给大家带来了一种全新的教学模式,叫作"作文五步法"(课件出示作文五步法步骤)。

3.本节课我们主要采用"一读、二话、三练"三个环节,下面我依次进行。

二、引出话题

1.引导学生回顾第二单元课文内容

师:同学们,第二单元我们学习的课文内容跟什么有关?(自由说)

在这些课文中你积累了哪些好词佳句,马上浏览一下,并圈画出来。我希望同学们能把这些好词佳句,能用到口语交际和习作中。

2.启发谈话,激发学习兴趣

师:同学们,每个人的童年往事就像天空的繁星,多得说也说不完,今天这节口语交际课,就让我们把童年生活中这些难以忘怀的事说出来,和同学分享吧。

3.板书课题"难忘童年"(齐读课题)

4.打开记忆,回忆童年故事

(1)指名读口语交际的要求。

(2)师(出示图片):我们先来看看这些图片,有没有勾起你的回忆?

师:同学们,我们的童年生活都有哪些有趣的故事呢,打开记忆的宝库,仔细地想一想,选一件你认为最好的,自己先练说一下。

(3)激发学生回忆童年,用媒体软件播放歌曲《童年》,引导学生回忆童年生活画面,可以用自己最舒服的状态去回想,如闭上眼睛。

(4)出示"二话"环节要求

说:要把自己童年发生的事说清楚、具体、明白,有感情地讲出来,并由此体会到父母对你的爱、朋友对你的关心,还有你们的友谊、自己的感受等。

听:认真听、仔细想,听后可以补充,也可以提建议、谈感受。

(5)学生自由轻声练说,教师针对表达能力较弱的要个别指导、点拨。

(6)指名学生说说(教师引导)。

(7)在学生无从说起时给出提示让学生参考,可以贯穿说说(课件出示):

①有一次,我和同学去掏鸟窝……

②爸爸、妈妈外出打工，我成了留守儿童后的生活……

③我们过"六一"……

④有一次，我做了一件错事……

（8）分享童年往事

①再次组织学生进行小组讨论，让小组推荐比较典型的实例说说，其他同学补充或评价（贯穿"二话"和"五评"的内容）。

②教师引导学生补充总结

（9）延伸童年乐趣

①师：同学们，今天的口语交际课，又仿佛把我们带回到童年。我们在童年的世界里畅游了一番，又感受到了童年的快乐和难忘。老师发现，我们班的同学能有条理地表达出童年的故事，听的同学也很专注。

②师：把你的童年讲给你的好伙伴听。也去了解一下你的爸爸妈妈或爷爷奶奶的童年故事，感受他们的童年跟你的异同。

三、小练笔（"三练"环节）

师："三练"包括练开头、练经过、练结尾。由于时间关系，今天我们利用几分钟写一个开头。如果让你写，你会怎样写开头，并能引起读者的兴趣？

引导学生练习写开头。

讨论：写开头可以用哪些方式？（一个好的开头是作文成功的一半。）

让学生用一两句话写一个简短的开头。（教师巡回指导。）

抽取一两个学生的开头进行评价和补充。（进行比较评价，并让学生说说是用什么方式开头的？为什么这样开头？如果让你写，你会怎么写？）

教师补充：开头和过程要紧密联系，也要和结尾相呼应，这样写出来的作文更真实感人。刚才的小练笔中，可以看出同学们的写作方法很多，加上口语交际的练习，我相信你们都能把《童年》这篇习作写好。

四、课堂小结

用一句话说说你觉得童年是什么？（教师提示。指名说）

五、布置作业（课件展示）

课后完成一篇习作，注意用具体的事例写出自己的童年回忆，并完成"四改"

环节中的"自己改、互相改"两个环节。

案例十

人教版五年级语文下册第二单元习作《难忘童年》第一课时
("一读、二话、三练")课堂实录

【教学过程】

一、谈话导入

教师：大家好，我是马老师，今天很高兴能为大家上这一堂课。希望同学们能积极地配合老师。

学生：好！

教师：今天，我想和大家分享一种全新的教学模式，叫作"作文五步法"。这种教学模式可以帮助同学们更好地写作文。你们对此有什么想法吗？

（课件出示作文五步法步骤。）

有学生举手：老师，我觉得这种教学模式很实用，可以帮助我们更好地写作文。

教师：非常好，同学们都很聪明呢。本节课我们主要采用"一读、二话、三练"三个环节。下面依次进行。

二、引出话题

教师：同学们，今天我们的主题是回忆童年故事。首先，我要请一位同学来读一下口语交际的要求。

（学生读出口语交际要求。）

教师：好的，非常清晰明了。现在，我要出示一些图片，请大家看看有没有勾起你们的回忆。

（出示图片。）

教师：请大家打开记忆的宝库，想一想自己童年生活中有趣的故事，并选一件练习说一下。

（学生自由思考，轮流练说。）

教师：非常好，大家都分享了自己的童年故事。现在，我要出示"二话"环节要求，请大家认真听，然后说出具体、有感情的故事。

（出示"二话"环节要求。）

教师：现在，请大家自由轻声练说。

（学生自由练说，教师巡视指导。）

教师：非常好，现在我要指名几位同学，分享一下你们的故事。

（教师指名几个学生分享故事，引导学生谈感受和体会父母对他们的爱，朋友对他们的关心、友谊等。）

教师：同学们，今天我们要回忆童年故事。有时候我们会遇到没有想到的话题，那么在这种情况下，我会给提示让大家参考。

（教师给提示。）

教师：好的，现在我们来分享童年往事。请大家组成小组，推荐比较典型的实例说说，其他同学可以补充或评价。

（学生组成小组，进行讨论。）

教师：同学们，今天我们要分享童年往事。但如果你不知道从何说起，别担心，我会给提示让大家参考。

（教师出示提示。）

教师：好的，现在我们开始分享童年往事。请大家轮流分享自己的故事，如果需要提示可以参考屏幕上的内容。

（学生轮流分享，思考并讨论。）

教师：很好，那么现在我要求大家分组再分享一下，看看有没有相似的故事或者情感，可以互相交流、补充和评价。

教师：非常好，大家分享的故事都很有意义。接下来，我想让大家思考一下，这些童年往事对我们的成长有什么影响，我们可以从中学到什么。

（学生思考并讨论。）

教师：非常好，大家都分享了自己的童年故事。接下来，我要引导大家补充总结，让我们更好地感受到父母对我们的爱和朋友对我们的关心。

（教师引导学生补充总结。）

三、延伸童年乐趣

教师：同学们，今天我们的口语交际课又带我们回到了童年。我们分享了很多有趣的童年故事，并且表达得非常有条理。我很欣赏大家的表现！

现在，我想延伸这个话题，让我们更深入地体验童年的乐趣。我希望你们可以把你们的童年故事讲给你们的好伙伴听，让大家更好地了解彼此的童年。同时，我也希望你们去了解一下你们的爸爸妈妈或爷爷奶奶的童年故事，看看他们的童年跟你们有什么相似之处。

（学生开始交流。）

教师：非常好，看到大家这么开心地分享童年故事，我觉得我们现在就像是回到了童年。不过，我想提醒大家，童年不仅充满快乐，也有许多难忘的经历和教训。

（学生继续交流。）

四、小练笔（"三练"环节）

教师：同学们，现在我们来到了小练笔的环节。今天我们要练习写作文的开头。一个好的开头是作文成功的一半。你们觉得，写开头可以用哪些方式呢？

（学生开始讨论。）

教师：非常好，你们提到了很多写作开头的方式，如可以用问句、描述、引用名言等。这些方式都可以引起读者的兴趣，让作文更加生动有趣。

现在，我想让大家用一两句话写一个简短的开头。我会巡回指导，大家可以随意发挥。

（学生开始写作。）

教师：非常好，现在我们来看一下一些同学写的开头。请说说你们用了什么方式开头？为什么这样开头？如果让你写，你会怎么写？

（学生开始讨论。）

教师：非常好，我看到大家都有自己的写作思路和方法，这是非常好的。同时，我想提醒大家，开头和过程要紧密联系，也要和结尾相呼应，这样写出来的作文更真实感人。

刚才的小练笔中，可以看出同学们的写作方法很多，加上口语交际的练习，我相信你们都能把《童年》这篇习作写好。

五、课堂小结

教师：同学们，今天我们学习了如何写作文的开头，并进行了小练笔。那么，用一句话说说你觉得童年是什么呢？

（教师指名一个学生回答。）

学生：我觉得童年是快乐、无忧无虑的时光。

教师：非常好，童年确实是充满快乐和无忧无虑的时光。而在写作文的时候，我们也可以用具体的事例描述自己的童年，让作文更加生动有趣。

六、布置作业（课件展示）

同学们，课后的作业就是完成一篇习作，注意用具体的事例写出你们的童年回忆，并完成"四改"环节中的"自己改、互相改"两个环节。希望大家能够认真完成作业，提高自己的写作能力。

案例十一

五年级语文下册第二单元习作《难忘童年》第一课时（"一读、二话、三练"）教学反思

本节课是作文教学的第一课时口语交际，主要运用作文五步法，让学生学习作文五步法的"一读、二话、三练"。学生能读懂口语交际的要求并且能听话、说话。

学生刚接触作文五步法，了解并熟练运用它需要一个熟悉的过程。通过"一读、二话、三练"环节，学生在写作文时能合理运用作文五步法，在面对写作文时不再觉得这是一个难题。通过第一课时的"一读、二话、三练"环节，学生在交流时有话可说，写作文时有内容可写。本节课主要是让学生学会怎样去阅读口语交际的要求，并且能把学过的句子恰当地运用到写作中。在教学过程中，教师让学生通过联系身边实际情况说一说自己难忘的童年，通过交流分享的形式，让学生回忆分享自己难忘的童年，让学生运用学过的写作方法把难忘的事情的经过形象地说出来。通过小组讨论、交流、发言，学生能发现自己童年有

哪些趣事。重难点突出，学生才能在轻松的课堂中交流童年有趣的事，能够为轻松写作打好基础。与农村的孩子相比，城里的孩子口语表达能力强，对于作文五步法的"一读、二话"环节完成得更好。

本节课学生对重难点突破得较好，教师的教学目标也基本实现。我仔细思量，还有一些遗憾：一是学生说话时思维比较活跃，我对学生的情况考虑不是很周全；二是由于时间关系，个别学生在发言时，我没有照顾到其他学生。

在本节课中，我和学生的收获还是很大的。在今后的教学中我会继续加强作文五步法的运用，让学生在作文五步法的帮助下，可以轻松完成听话、说话，写出一篇篇优秀的习作。

案例十二

五年级语文上册第六单元习作《父母的爱》第二课时（"四改、五评"）课堂实录

【教学过程】

一、回顾、导入

教师：同学们，上节课我们交流了一下自己感受到的父母的爱，今天我们要进一步探讨表达爱的方式。请拿出你们的习作草稿，我们一起来修改它们，找出需要改进的地方。

（学生拿出自己的习作或者教师发放习作草稿。）

二、讲授新课

教师：今天我们要学习一种新的修改作文的方法——四改法，它会让你们更喜欢写作文。先来看看四改法的具体内容。

（板书"四改"。）

教师：四改法指的是自己改、互相改、当面改、集体改。首先，我们要自己修改自己的作文，找出自己作文中的错误并改正；然后，可以和同桌互相交换作文，互相帮助找出需要修改的地方；接着，可以当面请教教师或其他同学，解决自己无法解决的问题；最后，我们可以集体讨论，选一些同学上台完成修

改的任务，让大家一起来修改作文。

教师：同学们，今天我们要讲的是如何修改作文。俗话说"好文章是改出来的""文章不厌百回改"。那么，到底谁来改呢？

学生：我们自己来修改。

教师：对的，因为同学们是作文的写作者，自然有权利首先来修改了。恰当运用修改符号和方法，看是否表达得清楚具体。请看屏幕上的修改符号，这些符号的用法是什么呢？

学生：1.错别字；2.标点符号；3.格式；4.用词是否准确；5.表达是否清楚，运用摘抄的句子是否合适、恰当；6.内容是否完整、具体。

教师：很好。现在请同桌之间交换习作，看看有哪些需要修改的地方。同时，请自己先修改一下，然后再请同桌来帮你找出没发现的错误。

（学生开始各自修改习作，互相帮助找出错误。）

教师（巡视学生）：同学们，你们在互相修改的过程中，有哪些自己解决不了的问题呢？

学生：老师，我不知道这个词的意思。

教师：好的，你问问同桌，或者你等一会儿我来帮你解决。

（教师帮助学生解决问题，或者让学生互相帮助解决。）

教师：现在，请大家把自己修改好的习作拿出来，我们当面改。同学们，你们可以把修改后的习作念给大家听，我们一起看看有哪些地方还需要修改。

（学生轮流念自己修改后的习作，并当面改。教师示范整个修改过程，学生跟随操作。）

教师：通过今天的学习，我们学会了一种新的修改作文的方法——四改法。在修改作文时，需要注意哪些方面呢？

学生：我们要善于使用修改符号和方法，注意作文的格式和用词是否准确、表达是否清楚、内容是否完整具体等。

教师：同学们觉得这种方法怎么样？

学生回答：非常好！

教师：那么在以后的写作中，希望大家能够运用这种方法，写出更好的作文。

三、"四改"的集体改练习

教师：同学们，现在我们来到了课堂的第三个环节，也是我们今天的重头戏——集体改。我会把一篇问题较多的习作放在屏幕上，希望大家一起来协助修改。请看屏幕。

（屏幕上出现了一篇习作草稿。）

教师：好，现在我要求大家分成小组，选一些同学上台完成修改的任务。请看屏幕上的游戏规则。上台的同学会分成"主治大夫"和"护士"两组角色。现在同学们开始讨论。

（学生分组讨论，选了几个同学上台担当"主治大夫"和"护士"的角色。）

主治大夫（拿起笔）：我看这篇习作的问题比较多，首先我们需要修改的是这个标题，应该更加简洁明了才好。

护士A（拿起笔）：我觉得这个段落的逻辑顺序有点混乱，我们需要重新排。

护士B（拿起笔）：这个用词不太妥当，我们要用更准确的词语来表达。

（台下的同学们也在讨论。）

同学A：我觉得这个句子可以更简单一些，这样更容易理解。

同学B：我觉得这个观点需要进一步阐述，不然读者可能会有疑问。

教师：非常好，下面的同学们可以继续讨论，会诊，对台上的同学的修改有异议时可以替换，轮流上台提出问题。下面的同学们举手提建议时，台上的同学们可以采纳合理建议，完善对习作修改的意见。

（台下的同学们继续讨论，台上的同学们不断修改、补充。）

主治大夫（站起来）：好了，前几个自然段我们已经修改完毕了，现在就把剩下的几个自然段留给我们下课以后，按照刚才的方法独立完成。有问题的话可以随时来找我们。

（台下的同学们开始独立修改。）

护士C（举手）：老师，我有个问题。

教师：请说。

护士C：我觉得这个词用得不太合适，应该换成另一个词。

教师：非常好的建议，这个词确实不太妥当。你可以跟你的组员商量一下，看看怎么修改。如果需要我的帮助，我会随时在旁边给你们提供指导。

（学生继续修改，教师在旁边提供帮助。）

护士D（站起来）：我们这个段落修改好了，可以展示一下吗？

教师：当然可以，请上台展示你们的修改成果。

（护士E上台展示修改成果，台下的同学们鼓掌。）

教师：非常好，现在我们已经完成了集体修改的任务。你们做得非常出色，我看到了大家共同努力的成果。

四、师生评议（五评：词评、句评、段评、篇评、总评）

教师：同学们，今天我们要一起来分析一篇习作，看看它值得借鉴之处和不足之处。首先，我们先来进行"词评"，看看文中有没有用到好词佳句。

学生A：我看到了"孝敬""感恩"等词。

学生B：还有"爱的回馈""甜蜜的关爱"等词组。

教师：很好，大家都很认真地找到了好词。接下来，我们进行"句评"，看看在哪些细节描写上改进。

学生C：我觉得可以加入一些对父母的具体行动的描写句子，比如他们每天的工作和生活。

学生D：我认为可以用一些心理描写来表达孝敬和感恩。

教师：非常好，同学们的建议都很中肯。接下来，我们看看还有哪些地方可以更加细致地描写。

学生E：我看到了一句话说父母的"爱像是无条件的太阳"，但是没有进一步解释。

学生F：我觉得可以加入一些对父母的表情和动作的描写，表现出他们对孩子的爱。

教师：好，同学们的建议都很有针对性。接下来，我们进行"段评"，看看整篇习作的组织是否合理。

学生G：我发现这篇习作只有一个大段落，没有过渡段，看起来比较杂乱。

学生H：我想说，我们学过的课本中，很多文章都是多段式的，可以让读者更好地理解。

教师：非常好，同学们的分析非常到位。接下来，我们进行"篇评"，看看这篇习作的整体效果如何。

学生I：我觉得整篇习作的主题很明确，但是细节描写和段落组织需要改进。

学生J：我认为这篇习作的语言比较流畅，但是可以更加具体和生动些。

教师：非常好，同学们的点评很有建设性。最后，同学们可以通过修改这篇习作，来提高你们自己的写作水平。你们也可以在自己的习作中加入一些闪光点，与大家分享。

教师：最后，我们进行"总评"，今天我们的主题是如何修改习作。首先要明确一点，你是作者，最有权利修改自己的作文，而不是老师包办代替。那么，你们认为怎样才能更好地修改自己的习作呢？

学生甲：可以先找同学或者老师看一下，听听他们的建议。

学生乙：还可以看一些范文或者别人的习作，学习他们的长处，然后尝试应用到自己的作文中。

教师：很好，乙同学提到了一个很重要的点，就是借鉴别人习作中的长处。那么，下面我们就来看如何具体做到。

教师拿出一篇范文，让同学们先自己阅读一遍，然后让他们分组交流讨论范文的优点和需要改进的地方。

学生甲：我觉得这篇作文很有文采，用词精准，表达清晰。

学生乙：但是有些地方有点啰唆，可以精简一下。

教师：非常好，你们已经发现了这篇范文的优点和需要改进的地方。接下来，你们就可以尝试把这些优点应用到自己的习作中去。

五、课堂小结

教师让学生们拿出他们自己的习作，自己先修改一遍，然后再和同桌讨论，互相提出建议和意见。

六、布置作业

继续修改习作，誊写自己的习作。

教师总结：今天的课程主题是如何修改习作。同学们学会了借鉴别人习作中的长处，通过分组交流讨论范文的优点和需要改进的地方，进一步提高了自己的修改能力。请同学们继续修改习作，誊写自己修改好的习作。

案例十三

五年级语文下册第二单元习作《难忘童年》第二课时（"四改、五评"）课堂实录

【教学过程】

一、回顾、导入

教师：同学们，上节课我们交流表达了童年的难忘之处，今天我们要修改一些同学的习作，帮助他们提高写作水平。

（学生拿出自己的习作或者教师发放习作草稿。）

教师：大家拿出自己的习作或者看习作草稿，我们一起来看看还有哪些需要改进的地方。首先我们看看这篇习作的开头，你们有没有觉得它是不是很平淡无奇呢？同学们有没有更生动的方式来开头？

（学生和教师一起讨论并修改。）

教师：非常好，我们已经修改了这篇习作的开头，使它更具有生动性和吸引力。接下来，我们看看这篇习作的结尾，它是不是有点突兀呢？有没有更好的方式来结束这篇作文呢？

二、讲授新课

教师：今天老师给大家带来一种新的修改作文的方法，它会让大家喜欢上作文。那么先来看看是什么方法呢？

（教师在黑板上写下"四改"。）

（学生和教师一起讨论并修改一篇习作。）

教师：好了，我们已经对这篇习作进行了许多修改，让它更加生动、连贯和有吸引力。同学们也学习了如何在写作中运用具体的事例和生动的语言来表达自己的思想和感受。希望同学们能够在今后的写作中注意这些方面，提高自己的写作水平。

教师：今天我要介绍一种新的修改作文的方法，它可以让我们更加喜欢写

作文。让我们一起来了解和掌握这种方法吧。

（教师在黑板上写下"自己改、互相改、当面改、集体改"四个环节，并简单介绍每个环节的意义。）

教师：我们会依次进行自己改、互相改、当面改和集体改这四个环节。自己改是指学生自己先修改自己的习作；互相改是指学生与同桌交换习作进行修改；当面改是指学生与教师进行面对面的修改；集体改是指学生们一起来修改某篇习作。

（教师在黑板上列出"错别字、标点符号使用不当、格式不对、用词不准确、表达不清楚、内容不完整具体"六个方面的修改内容，并简单介绍每个内容的意义。）

教师：在修改习作时，我们需要注意这六个方面，确保我们的习作达到了要求。同时，我们还要恰当运用修改符号。

（教师在黑板上展示修改符号，并简单介绍使用方法。）

教师：在互相修改习作时，你们可以使用这些修改符号来标注需要修改的地方。同时，你们还可以交换习作，看看对方的习作是否表达得清楚具体，是否需要修改。

（教师在黑板上写下"共同修改"四个字。）

三、"四改"的集体改练习

教师：现在我们要进行集体修改。在这个环节中，我们会一起来修改某篇习作，并共同找出需要修改的地方。如果在这个过程中，你们遇到了自己无法解决的问题，我会帮助你们。

学生：好的，让我们开始吧！

教师：行，接下来我们进入集体改的环节。我让大家选出一篇问题较多的习作，我们一起帮它治治病，找一找这篇习作有哪些地方需要帮助治疗，需要修改。现在请看屏幕上的习作。看到了吗？现在我把游戏规则告诉大家。

（教师出示游戏规则。）

教师：好了，现在同学们分小组讨论，并选出一些同学上台完成修改的任务。请各小组出一名同学上来担任"主治大夫"，其他同学扮演"护士"的角色，协助"主治大夫"完成习作的修改。

（学生分组讨论，选出"主治大夫"和"护士"。）

主治大夫：我看这篇习作的问题主要集中在语句表达和逻辑结构上。我们需要对这些方面进行修改。

护士A：我同意，比如这个地方的语句不太通顺，需要改一下。

护士B：还有这个地方的逻辑结构不太严密，我们需要修改一下。

主治大夫：好的，我们现在开始对这篇习作进行修改。台下的同学可以继续讨论、会诊，对我们的修改有异议时可以替换我们，轮流上台提出问题。下面的同学们举手发表建议时，我们可以采纳合理建议，补充修改意见。

（台下的同学们讨论会诊，上台提出问题。）

同学A：我觉得这个地方的用词不太合适，可以用更准确的词来表达。

主治大夫：好的，我们可以采纳这个建议。请"护士"在修改习作时加入这个建议。

同学B：我觉得这个地方的句子结构有点复杂，可以用简单的句子来表达。

主治大夫：这是一个好的建议。请"护士"在修改习作时加入这个建议。

（修改完前几个自然段。）

主治大夫：现在我们把剩下的几个自然段留给台下的同学们，等我们下去以后，同学们按照刚才的方法独立完成。

（学生独立完成修改。）

教师：好了，同学们，时间快到了，现在结束本节课的集体改环节。如果你们还有大篇幅的增减修改，可以找我来帮助你们板书。

四、师生评议（五评：词评、句评、段评、篇评、总评）

教师：同学们，今天我们要一起来分析一篇习作，看看它的优点和不足之处。首先我们来"词评"，请同学们尽量运用学过的或者收集到的好词佳句。

学生A：我觉得这篇习作中用的"溶解"一词很不错，可以形象地描述出雪花融化的过程。

教师：很好，A同学，你找到了一个很好的词语。还有其他同学找到了好词佳句吗？

学生B：我发现这篇习作中用的"沉沉地落"描述雪花很有感觉，让人感受到了它的重量。

教师：非常好，B同学，你也找到了一个很好的词语。接下来，我们来"句评"，请同学们突出细节描写，改变习作中的假大空和粗线条描写。

学生C：我发现这篇习作中描述主人公看雪的那段话太笼统了，没有具体描写的句子。

教师：很好，C同学，你指出了一个重要的问题。我们需要更加具体地描写主人公看雪的过程，包括他的心理活动、语言、动作和表情等。

学生D：我觉得这篇习作中描述雪景的那段话也太简单了，应该加入更多的细节描写句子。

教师：非常好，D同学，你提出了一个重要的建议。我们需要更加具体地描写雪景，让读者感受到它的美丽和神秘。

教师：接下来，我们来"段评"和"篇评"，请同学们突出评价常用的三段式写作的习惯，改用多个自然段落写作，有过渡段，有一定的写作技巧。

学生E：我在书中找到了很多自然段划分很好的文章例子，它们可以让文章更加清晰明了，让读者更容易理解。

教师：非常好，E同学，你找到了一个很好的范文。接下来，我们在修改自己的习作时也要注意使用多个自然段落，有过渡段，有一定的写作技巧。最后，我们还可以通过修改本篇习作获得经验，从而改掉自己作文中的不足之处。还可以在作文中加入父母难忘的童年故事等内容，让大家学习借鉴。

教师：最后我来总评一下。同学们今天的表现都很出色，能够发现这篇习作中的优点和不足之处，并提出很好的建议和想法。在今后的写作中，我们需要注重细节描写和段落组织，让作文更加生动、清晰。

五、课堂小结

教师：同学们，今天我们学习了如何去修改习作。作文是我们学习语文的重要内容，但在写作文时，很难避免出现一些错误或存在不足之处。所以，同学们需要学会修改习作，让自己的作文更加生动、吸引人。下面，我通过几个例子来教同学们如何修改习作，希望同学们认真听。

教师（拿起一篇学生的作文）：这篇作文的中心思想很清晰，但是有些词不够准确，比如"开心"这个词太普通，我们可以用"欣喜"或"快乐"来代替。同时，作文的结尾也有些生硬，我们可以加上一些感叹词或感叹句，让作文更加生动有趣。

教师（拿起另一篇学生的作文）：这篇作文的句子结构很简单，可以尝试使用一些复句或长句，让作文更加有层次感。我们也可以模仿别人的习作中一些好的句子或词，来丰富自己的作文。

在修改习作时，我们需要注意以下几点：首先，要明确修改的目的，是为了让作文更加生动、吸引人，还要纠正错误；其次，要仔细察看每一个句子，确认用词是否准确、句子是否通顺；最后，要注意作文的结构和逻辑，让每一个段落都有清晰的主题和过渡。

六、布置作业

课后继续认真修改习作，写出更加优秀的作文。

教师总结：在本节课的学习中，同学们学会了如何去修改习作，如明确修改目的，仔细查看每一个句子，注意作文的结构和逻辑等。同时，同学们也了解到了借鉴别人习作中的长处的重要性。

初中阶段作文五步法的应用案例分享

一、初中阶段的作文体裁和类型

初中作文按体裁大致分为五大类型：记叙文、说明文、应用文、议论文、抒情文。

1. 记叙文：以记叙、描写为主要表达方式，通过描述人物、事件、景物等来营造氛围，展现情节，表达作者的思想和感情。记叙文的特点是结构清晰，情节连贯，描写细腻，语言生动，能够吸引读者的注意力。常见的记叙文有小说、故事、游记等。

2. 说明文：以说明为主要表达方式，通过介绍事物的性质、构造、功能、制作方法、发展过程等来阐述事理，增加读者对事物的了解和认识。说明文的特点是语言简洁明了，结构条理清晰，逻辑性强，具有科普性质。常见的说明文有科普文章、使用说明、操作指南、流程图等。

3. 应用文：以实用性为主要特点，包括求职信、简历、通知、邀请函、建议书、商业信函等。应用文的特点是格式规范，篇幅短小，内容简明扼要，语言直接生动，针对性强，具有实用性质。

4. 议论文：以议论为主要表达方式，通过分析问题，对不同观点进行比较、分析、评价，表达自己的看法和观点。议论文的特点是论证明确，逻辑性强，语言生动，能够引发读者的思考和思辨。常见的议论文有辩论、评论、社论等。

5. 抒情文：以表达个人情感为主要目的，以自然、人物、事件等为素材，通过诗歌、散文、小说等形式来表达作者的情感和感悟。抒情文的特点是情感真挚，语言优美，意境深远，能够引起读者的共鸣和思考。常见的抒情文有情感故事、自然抒情散文、人文抒情散文、哲理抒情散文等。

初中作文按内容大致分为八大类型：青春梦想类、成长认知类、道德品质类、真情感恩类、审美鉴赏类、思辨议论类、社会热点类、想象科幻类。

二、如何制订教学计划和教学内容

【初中全年级总的教学计划】

1. 确定每篇作文类型的特点和要求：了解每个作文类型的特点和要求，例如记叙文需要有情节和人物描写，说明文需要有定义和功能说明等文字。

2. 确定教学重点和难点：根据每个作文类型的特点和要求，确定教学重点和难点，例如记叙文的人物描写和情节设置、议论文的论点阐述和论据论证等。

3. 设计教学活动：根据教学重点和难点，设计相应的教学活动，例如讲解、示范、练习、交流等。

4. 选择教学资源和教具：选择适合的教学资源和教具，例如课件、教具、多媒体等，可以丰富教学内容，提高教学效果。

5. 确定教学评价方式：通过对学生作文的评价，及时发现学生的问题和不足，及时调整教学方法和内容，帮助学生提高写作能力。

6. 适度增加拓展内容：根据学生的实际情况和教学效果，适度增加一些拓展内容，例如名言警句、优秀作品欣赏等，可以提高学生的语言素养和阅读能力。

7. 不断完善教学内容计划：根据学生的实际情况和教学效果，不断完善教学内容计划，使其更加符合学生的学习需求和教学要求。

综合考虑以上因素，教师可以制订出完整、科学、系统的初中作文教学内容计划，帮助学生提高写作能力和语言表达能力。

【初中全年级教学内容】

1. 青春梦想类（一学期）

（1）《少年的你》——关于青春、友情、成长的电影欣赏和讨论。

（2）《我的大学梦》——围绕学生的大学规划和梦想进行班级主题活动。

（3）《青春无悔》——以青春为主题的创意写作比赛。

2. 成长认知类（一学期）

（1）《平凡的世界》——阅读名著，探讨成长的意义。

（2）《成长的烦恼》——讨论青少年在成长过程中所面临的困惑和挑战。

（3）《成长的足迹》——以自己和身边人为例，分享成长经历。

3. 道德品质类（一学期）

（1）《小王子》——阅读经典名著，探讨道德品质和人性。

（2）《爱的教育》——讨论亲情、友情和爱情的教育作用。

（3）《我的好朋友》——以班级为单位，开展友情教育主题活动。

4. 真情感恩类（一学期）

（1）《感恩的心》——围绕感恩主题展开班级主题活动。

（2）《感恩的力量》——讨论感恩的重要性和意义。

（3）《感恩的故事》——分享感恩的故事和经历。

5. 审美鉴赏类（二学期）

（1）《古诗词精选》——学习和欣赏经典古诗词。

（2）《中国画欣赏》——了解中国画的历史和发展，学习欣赏绘画技巧。

（3）《音乐欣赏》——学习音乐基础知识，欣赏不同类型的音乐作品。

6. 思辨议论类（二学期）

（1）《辩论赛》——开展班级辩论赛，锻炼思辨和辩论能力。

（2）《社会问题研究》——选取社会热点问题进行研究和讨论。

（3）《科技进步与人类生活》——探讨科技进步对人类生活的影响和未来发展趋势。

7. 社会热点类（二学期）

（1）《中国梦》——学习和讨论中国梦的内涵和实现路径。

（2）《公民道德与法制教育》——学习公民道德和法制教育知识。

（3）《环保意识教育》——增强环保意识，开展环保主题活动。

8. 想象科幻类（二学期）

（1）《星际迷航》——观看科幻电影，探讨科幻的意义和未来发展趋势。

（2）《未来世界的想象》——开展班级主题活动，让学生想象未来世界的样子。

（3）《科幻小说阅读》——阅读科幻小说，提高想象力和阅读能力。

附　初中作文课实例

案例一

初中年级人物描写系列习作第二课时
（"一读、二话、三练、四改、五评"）教学设计

【教学目标】

一、通过"五评"方式评价上节课完成的作文，纠正写作中的常见错误。

二、通过范文阅读（"一读"），感受优秀作文的语言气息。

三、掌握刻画人物的方法（"三练"），写出人物的个性。

【教学重难点】

掌握刻画人物的方法，写出人物的个性。

通过作文训练指导，学会运用外貌描写、语言描写、动作描写和心理描写对人物进行刻画。

【教学方法】

运用作文五步法理论指导例文赏析实践写作。

【教学过程】

一、课堂导入（"一读"）

世界上没有完全相同的两片树叶，同样也没有完全一样的两个人，但是反映到同学们的作文中却几乎是"千人一面""众口一腔"。这样的作文全无新意，让人产生视觉疲劳，也很难给读者留下深刻的印象。那么，如何让我们所写的人物站立起来，走动起来呢？今天，我们就来解决这个问题，帮助大家走出"大众化""概念化""脸谱化"人物描写的误区。

二、作文指导训练（"二话、三练、四改"）

三练：练写外貌、练写性格（脾气）、练写习性

人物描写的基本方法：语言描写、外貌（肖像）描写、动作描写、心理描写

1. 语言描写

言为心声，人物的话语最易"泄露"人物的内心，最能灵活而直接地展示人物性格，可以充分、细致地将人物的内心世界袒露出来。因此，人物的语言描写是刻画人物形象的重要手段。

语言描写要反映人物的个性特征。由于时代、职业、身份、年龄等因素造成的差异，人们说话的内容、方式各有不同。语言描写就是要抓住能表现人物个性的语言，写出"这一个"来，使读者如闻其声，如睹其容。语言描写宜简洁得体，不可拖沓散漫，有悖人物身份。语言描写主要表现为对话描写。

师：在语言描写这一点上，我们同学做的都比较好，只是要注意简练，不要拖沓。语言描写我就不多说了，同学们注意就好，下面我重点讲其他三种方式。

2. 外貌描写

外貌描写指把人的容貌（脸型、五官）、神情、身体形态、衣饰、姿势、风度等方面的某一部分或几个部分，用生动具体的语言描述出来。外貌描写不要求写全貌，重在表现人物的性格。人的外貌描写就是对人物的外貌特征等准确、生动、形象地描绘，并通过外貌描写来传神，向读者揭示人物的思想品质、精神风貌和性格特征。其作用不仅在勾画出这个人物的外部面貌，而且是为了以"形"传"神"，即通过人物的某些外部特征来揭示这个人物的性格。它往往着重于人物的面部、身材、服饰，以表现人物的身份、风度、神韵和表情。

师：我们来看下面这几个有关人物外貌描写的句子。同学们仔细读下面的外貌描写，并说出好不好，好在哪里？

（多媒体展示下面两段人物外貌描写。）

（1）却见一个凸颧骨，薄嘴唇，五十岁上下的女人站在我面前，两手搭在髀间，没有系裙，张着两脚，正像一个画图仪器里细脚伶仃的圆规。（"豆腐西施"）

（2）他身材很高大；青白脸色，皱纹间时常夹些伤痕；一部乱蓬蓬的花白

的胡子。穿的虽然是长衫，可是又脏又破，似乎十多年没有补，也没有洗。（孔乙己）

师：这次的写人作文，我们班差不多有六个人在作文中有外貌描写。我们来点评一下其中两位同学的作文中的外貌描写。

（多媒体展示两个学生的习作中片段。）

学生1的作文中："头发尖尖的，感觉有点儿杀马特；眼睛小小的，就像两颗黑色的小豆豆；脸胖胖的，十分的圆润。"

师：他写的是我们班的一位同学，同学们能猜到他写的是谁吗？徐××（学生1）的描写非常生动，基本上抓住了曾××的特点。

学生2的作文中："我的妈妈有一双水汪汪的大眼睛，在大眼睛上方有一双浅浅的眉毛，而眼睛下却有一个小巧玲珑的鼻子，还有一个樱桃般小的嘴巴。"

师：找位同学点评一下，王××（学生2）的作文中这段人物描写怎么样？

（教师指名学生进行点评。）

师（小结）：在写人的作文中有外貌描写是很不错的，但是这位同学写的就比较笼统了，这种描写太过于千篇一律了，很难让人想象出这位妈妈到底长什么样。在进行人物的外貌描写时，不要从头到脚都描写，也不要千人一面地写，是个人就有其特点。一定要抓住这个人的突出特点。什么叫突出特点？就是别人没有的他有，或者说别人有的但是他更突出，这个特点要能体现这个人的性格或习惯等。写作之前要细心观察，要善于发现被描写者不同于他人之处。先筛选，选出最有特点之处，再放大，将这一细节扩大化，运用点儿夸张手法也未尝不可。

师：接下来试用"四改"方法把下面再改一改。

（多媒体展示片段。学生在讲台下提修改建设。）

修改前："我看见一个小姑娘，年龄不大，长得很瘦，穿得也很差。"

（教师在黑板上将学生的修改建议汇总写出。）

修改后："我看见一个小姑娘，只有八九岁光景，瘦脸苍白，嘴唇冻得发紫，竹竿一样的腿，像鹭鸶一样站在寒风料峭的街头。她头发很乱，穿一身褪色的衣裤，光脚穿一双变形了的旧皮鞋。"

师：从开学到现在差不多一个多月了，同学们之间应该相互熟悉了。接下来同学们就对班级里比较熟悉的同学进行外貌描写。等大家写好后找同学读，其他同学猜猜是谁。写作中不可以提及名字，要抓住人物的突出特征，可以结合人物的性格来写。

3. 动作描写

动作描写就是让人物用行动来表现自己。动作是人物性格的具体表现，最能显示人物的性格特征。人物的一举手、一投足、一个姿势都能很好地表现人物的性格，因此对人物动作的描写是展示人物性格、塑造人物形象的主要方式。这里所说的动作，不是人物的一切动作，而是最有意义、最能显示人物性格，或者能推动情节发展的那些动作，包括人物的习惯性动作和下意识举止在内。动作描写就是让人物在"做些什么"和"怎样去做"中去展示自己的价值观念、情感特性、性格气质、精神状态等，使读者透过人物的"所作所为"做出相应、相似、相关而不相悖的判断。

师：请看以下动作描写的相关例子，比较一下哪些写得好，哪些写得不好，并说明理由。

（多媒体展示三段动作描写。）

（1）（父亲）蹒跚地走到铁道边，慢慢探身下去，尚不大难。可是他穿过铁道，要爬上那边月台，就不容易了。他用两手攀着上面，两脚再向上缩；他肥胖的身子向左微倾，显出努力的样子，这时我看见他的背影，我的眼泪很快地流下来了。（朱自清《背影》）

（2）扫开一块雪，露出地面，用一枝短棒支起一面大的竹筛来，下面撒些秕谷，棒上系一条长绳，人远远地牵着，看鸟雀下来啄食，走到竹筛底下的时候，将绳子一拉，便罩住了。（鲁迅《从百草园到三味书屋》）

（3）世界男子110米跨栏比赛就要开始了，紧张地蹲在起跑线上的运动员们就像一张张拉满弓的箭。随着"砰"的一声枪响，刘翔这支离弦之箭向前飞奔着。只见他挥动着有力的双臂抬腿越过一个个栏杆，身轻如燕，姿态优美，很快便把对手甩在身后，闪电般地冲过了终点。（细节描写，形象生动具体，突出技艺高超，反映了人物的特点）

师：我们同学在作文中也有动作描写比较好的，我们来看看。

（多媒体展示学生的习作片段。）

（4）我放下书包，看到爸爸正乐滋滋地躺在沙发上，摆上一个二郎腿，手上拿着烟，袜子也乱扔在地上，而我每走一步都是那么的艰辛，都要跨过一个个垃圾才能到我的房间。

师：接下来试用"四改"方法把下面这段话改一改。

（多媒体展示片段。学生在讲台下提修改建议。）

修改前："下课后，她拿起电动黑板擦认真地擦着，不一会儿就把黑板擦完了，黑板铮明瓦亮的。老师来了，说今天黑板擦得真干净，真负责。"

思考问题：

（1）没有细微的动作和神情。

（2）没有用特写镜头慢慢刻画过程。怎么擦的，中间有什么曲折吗？是擦了一次就完成了吗？

（教师在黑板上将学生的修改建议汇总写出。）

修改后："徐××同学拿起电动黑板擦，轻轻地按着它在黑板上从上到下地擦着（师〔点评〕：从下到上呢？粉尘不飞，想到了班里学生健康）。大部分粉尘被吸进黑板擦里，还有点点的粉尘在她面前飞舞。她微皱了一下鼻子（师〔点评〕：轻微的感触，由己及人，心思缜密），动作更轻了，仿佛是在做一件细致的手工艺品。黑板在她的身后顿时清亮起来，原先那充盈在黑板上的知识和思想从我们的眼中消失了。她走下讲台时不经意地回头瞥了一眼黑板，又紧走两步折返回去，拿起黑板擦轻轻擦拭着右上角，原来是几个娟秀的字迹在隐隐约约地笑。啊，她是怕影响上课老师的心情啊（师〔点评〕：心细）。徐××同学真是负责又细心。"

4. 心理描写

心理描写是对人物在一定的环境下产生的想法、感触、联想等内心的思想情感活动的描写，旨在深刻地揭示人物的精神世界和思想品质。如果说人物的外貌、言语、行动的描写侧重于展示人物形象的外部风貌，让读者透过这些描写窥见或感受人物内心的活动，那么心理描写则直接披露人物的内在隐秘世界。

这四种人物描写互相结合，就能够使人物形象更为真实、完整、丰满而且深刻，因而也更加富有艺术感染力。在心理刻画时，要注意捕捉人物内心的变化，尤其是那些一闪即逝的心理波动。在描述心理变化轨迹时，要做到波澜起伏、跌宕多姿。

师：心理描写对于同学们来说是难度较大的。写自己的心理容易，写他人的心理难，通常同学们采用直接心理描写或间接心理描写。

（多媒体展示什么是直接心理描写，什么是间接心理描写。）

直接心理描写："他想"或者"他自言自语地说""他默默地告诉自己""他在心中发誓"。

间接心理描写：通过语言、动作、神态的描写来揭示人物的心理状态，反映人物内心隐藏着的微妙感情。

师：请同学们一起品读鲁迅的《一件小事》中的心理描写。

（多媒体展示鲁迅的《一件小事》中的心理描写片段。）

当"我"看到车夫扶老女人向巡警分驻所走去时，有这样一段心理描写："我这时突然感到一种异样的感觉，觉得他满身灰尘的后影，霎时高大了，而且愈走愈大，须仰视才见。"

师（点评）：按正常的视觉效果应是人越远越小，而在"我"的感觉里，却刚好相反，是"愈走愈大"，这就写出了"我"的内心震撼，自惭形秽。

师：接下来试用"四改"方法把下面这段话改一改。

（多媒体展示片段。学生在讲台下提修改建议。）

修改前："我走进了办公室，迎面正碰上黄老师的目光，里面充满了责备。我喊了一声'黄老师'，黄老师点了下头，只是'嗯'了一声。"

（教师在黑板上将学生的修改建议汇总写出。）

修改后："我怀着一颗忐忑不安的心走进了办公室，迎面正碰上黄老师的目光，那里面没有了往日的慈祥可亲，而是充满了责备。于是一阵恐惧袭上心头。我只好勉强地笑一笑，喊了一声'黄老师'，连声音都有几分颤抖了。黄老师皱了皱眉，鼻孔里'嗯'了一声。我的心又是一阵紧缩：我犯的错真的那么严重吗？"

师：对于人物的四种描写方法已基本讲完了，现在同学们来做一个小练习。

（多媒体展示片段。）

修改前："她骂他道：'你真是一个混蛋！'"

师：运用你的想象，恰当地添加动作、表情、神态、语言、心理等描写将以下人物描写的内容充实起来。

（教师在黑板上将学生的修改建议汇总写出。）

修改后1："她用手指着他的鼻子骂道：'你真是一个混蛋！'"

修改后2："她早已被气得浑身颤抖，脸色铁青，怒睁杏目，用手指着他的鼻子骂道：'你真是一个混蛋！'"

修改后3："其实，她早已被气得浑身颤抖，脸色铁青，但她还是在不断地告诫自己不要失态！不要骂人！最终她实在是忍不住了，于是怒睁杏目，用手指着他的鼻子骂道：'你真是一个混蛋！'"

三、作文总结（"五评"）

1. 词评、句评、段评、篇评、总评

找出较差作文让学生指出其中字词句、标点的错误以及其他问题；找出中等作文让学生互相评价，指出作文的得失以及在段落和结构上的优劣；找出优秀作文让大家观摩学习，以总评的方式评价作文。

2. 写作总结

教师总体评价上次作文的情况，指出关键问题和优秀表现。

（1）字数。大多数同学的字数都到600字了，可是还有小部分同学字数不够，一定要写够600字。这说明有些同学作文五步法中的修改环节运用不够扎实，否则写出600字的作文不是问题。

（2）标点

同学们要注意标点的正确使用方法，有的同学在作文中出现了一逗到底的情况。一句话表述完整就可以写句号了。强调一下省略号，现阶段同学们写作文的省略号就六个小圆点占两个字格，不要写多了，也不要写少了。省略号不能单独成行，六个小圆点必须写在一行。

（3）字词

注意积累字词，有的同学的作文中错字太多，甚至作文题目中都有错字。例如"爸爸真哆嗦"，全篇都是"我的爸爸真哆嗦"。注意变通，你不会写"啰唆"，你就写"唠叨"呗。有的同学全文下来竟然没有出现一个成语，你的词汇量多匮乏啊。平时多注意积累，学以致用。

（4）题材

同学们的作文基本上都是写人的记叙文。写作的对象是爸爸、妈妈、老师和同桌。

大部分同学都没有跑题，只有极个别同学稍微偏离了主题。比如说，有个同学写他的爸爸是个山林防火员，写着写着开始写他给爸爸出谋划策，还写起了周围的美景，可是这些与爸爸的负责没关系。写美景的时候可以点出正是因为爸爸的负责，我才可以欣赏到这些美景。还有几个同学，看一下你的作文是不是紧紧围绕作文题目展开的。

（5）题目

考试的时候注意审题。还有字数，以及可不可以出现真名。

（6）结构

大部分同学都是开头引出主题，中间叙事，结尾点题。这种做法是正确的。但在中间叙事过程中注意分段，有些同学中间那么大一部分一段下来了，还有极少数同学整个作文只有两段，这样做肯定是不行的。作文五步法强调"三练"——练开头、练段落、练结尾，就这三个方面已经足够让你写三段了，而且写好了这三部分，字数、结构、内容都不成问题。

（7）内容

大部分同学作文都会深化主题，虽然是在写爸爸或妈妈的唠叨、烦人、健忘等，但在结尾处都点明他们对孩子的爱，还有孩子对他们的感激之情。只有极少数同学没有在结尾处深化中心，还有几个同学没有在结尾处扣题。

大部分同学的作文叙述比较完整，但是不生动，读起来枯燥乏味，那么以后我们就针对这一现象进行作文指导和训练。

案例二

初中年级话题系列习作第一课时
（"一读、二话、三练、四改、五评"）教学设计

【教学目标】

一、指导学生准确审题

二、指导学生多角度立意

【教学重难点】

如何立意。

如何抓住话题。

【教学过程】

一、导入新课（"一读"）

1. 去年的语文期末考试题中，我们首次遇到了话题作文，比如下面这段作文考题。

每个人的内心都是一个丰富的世界，有喜悦，有愤怒，有忧伤，有快乐……请以"心事"为话题，自拟题目，写一篇作文，不少于500字。

2. 到底什么是话题作文呢？我们要从"话题"说起。

所谓话题，就是谈话的中心，就是引发谈话的源头，如某句名言、某个故事、某则新闻、某项成果、某部电视剧等，所有这些都可以作为"话题"来引发人们的联想，引发人们议论，也就是引发人们心中想说的话。可见，由某个设想好的"话题"所引出的作文就是话题作文。这个"话题"就是作文所要谈及的内容范围。也可以这样理解：话题好比一个圆的圆心，从圆心到圆周上的任何一点连起来的线都可视为一个话题作文的写作角度。可见，话题作文内容是很宽泛的，再加上体裁不限，自由度就更大了。

二、指导学生审题（"二话"）

1. 抓住题目关键词语，明确下列问题（边提问边板书）

话题：心事

内容：与"心事"有关的内容都可以

体裁：不限(一般情况诗歌除外)

字数：500字以上

2.抓住写作对象、写作范围引导学生进一步审题(自由讨论，个别发言)

（1）正如引言中所言"每一个人的内心都是一个丰富的世界，有喜悦，有愤怒，有忧伤，有快乐……"成长中的青少年，就有更多的心事。那么，看到这个作文题目，你们会想起些什么心事呢？

以"心事"为话题，应明确这个词的词义内涵，指的是心里盘算、放不下的事，多用于为难的事。该词区别于"心情""心思""心绪""心态"等。

（2）这个话题有两条分析思路。

其一，谁的心事？可以是我的心事，父母亲的心事，老师的心事，同学的心事；也可以揣测、揣摩花草鱼虫的心事、大自然的心事、祖国的心事等，从一个新的角度，折射自己对社会、世界的思考。

其二，这心事是什么？确定第一个问题的答案后，再想一想是什么心事。不同的对象可能有不同的心事。

三、指导学生立意（"二话"）

1.指导学生确定写作角度

所谓立意，也就是确定一篇作文的中心。一篇作文若没有了中心，就像一个人没有了思想，没有了灵魂，只徒有一具躯体；就像一艘驶入大海的航船，失去了舵，终究会迷失方向。一篇作文的中心，就像一条串起项链的绳子一样重要，同学们所选择的材料，都必须围绕中心，为中心服务。

2.以"心事"为话题，同学们想想，怎样立意呢？

四、指导学生选材（"三练"）

在各种各样的"心事"中，同学们要根据自己的立意，选定自己心中最深刻的一件"心事"，并选出自己最有话说的"心事"，然后再考虑动笔。另外，如果作为考场作文，还应符合考场作文的要求，主题必须积极向上，思想健康，不写较敏感的或政治性太强的事件。

五、布置作业

完成这次作文。

案例三

初中年级话题系列习作第一课时
（"一读、二话、三练、四改、五评"）课堂实录

【教学过程】

一、导入新课（"一读"）

教师：同学们，今天我们要学习的是话题作文。去年的语文期末考试题中，同学们首次遇到了话题作文。请同学们回想一下，去年的期末考试中，同学们需要写什么样的作文呢？

学生1：是以"心事"为话题的作文。

教师：对的，很好。请大家再回忆一下，我们当时需要写多少字？

学生2：不少于500字。

教师：非常好，你们的记忆力真好。那么，今天我们就来学习什么是话题作文，以及如何写好话题作文。

首先，我们要了解一下什么是话题。所谓话题，是指谈话的中心，引发谈话的源头。例如一些名言、故事、新闻、成果、电视剧等都可以作为话题来引发人们的联想和讨论。而由某个设想好的话题所引出的作文就是话题作文。

话题作文的内容是很宽泛的，再加上体裁不限，自由度就更大了。

在写话题作文时，我们需要注意什么呢？

首先，我们需要选好一个合适的话题，这个话题要引起读者的兴趣，也要让自己感兴趣。

其次，我们需要注意作文结构的合理性，要有一个明确的中心思想，同时要注意作文的逻辑性和连贯性。

最后，一篇优秀的话题作文需要有生动的语言和深刻的思想，这样才能引起读者的共鸣和思考。现在同学们动手写一篇话题作文。请同学们自拟一个话题，

然后写一篇不少于500字的作文。

二、指导学生审题（"二话"）

教师：同学们，我们今天要讨论的话题是"心事"，请问你们听到这个词，会想到什么？

学生1：我想到的是自己的心事，比如说在学习上遇到的困难。

学生2：我会想到父母亲的心事，他们经常会担心我。

教师：很好，你们提到了两条解题思路中的第一条。我们的心事对象可以是自己，也可以是别人。还有其他的对象吗？

学生3：我觉得可以想一想花草鱼虫的心事，从一个新的角度去思考。

教师：非常有意思，你提到了第一条解题思路的另一个角度。还有其他的角度吗？

学生4：我觉得可以想一想大自然、祖国的心事，从更宏观的角度去思考。

教师：很好，你们的想法非常丰富。那么，我们现在来明确一下"心事"的词义内涵。它指的是心里盘算、放不下的事，多用于为难的事。这个词区别于"心情""心思""心绪""心态"等。你们觉得这个解释准确吗？

学生（齐声回答）：准确！

教师：那么，接下来我们想一想，在不同的对象中，可能会有哪些心事呢？请大家自由发言。

学生5：如果是自己的心事，可能会有学习上的困难、人际关系的问题等。

学生6：如果是父母亲的心事，可能会是担心孩子的健康、学习等。

学生7：如果是花草鱼虫的心事，可能会是担心天气变化、生存环境等。

学生8：如果是大自然、祖国的心事，可能会是环境污染、国家安全等。

教师：非常好，你们已经明确了不同对象可能有不同的心事。那么，接下来同学们开始写作了。请同学们根据自己的想法和角度，以"心事"为话题，写一篇500字以上的作文。你们可以选择自己最感兴趣的对象和心事进行揣摩。

三、指导学生立意（"二话"）

教师：同学们，我们今天要学习的是如何确定一篇作文的中心，也就是立意。一篇作文如果没有中心，就像一个没有思想和灵魂的人，只是一个空壳子。所以，我们在写作之前，首先要确定作文的中心。

现在我们以"心事"为话题，大家想想，你们会怎样确定作文的中心呢？请举手发言。

学生1：我觉得可以以"青春期的心事"为中心。

教师：很好，以"青春期的心事"为中心，那么我们在写作的时候，就要围绕这个中心，选择与之相关的材料写作。接下来，我们要进行分组讨论，每组讨论一个角度，确定自己的立意。请同学们自由组合，三分钟后开始讨论。

（三分钟后。）

教师：好了，时间到了，请每组派一名代表来表述一下你们的立意。

学生2：我们组以"友情的心事"为中心，讨论了青春期里的友情问题，如如何与朋友相处，如何处理朋友之间的矛盾等。

教师：非常好，这是一个很好的立意。每个人在青春期都会遇到与朋友相处的问题，这个角度很容易引起读者的共鸣。接下来，我们要开始写作了，希望大家能够围绕自己的立意，选取相关的材料，写出一篇有思想、有灵魂的作文。

四、指导学生选材（"三练"）

教师：同学们，在确定了作文的中心之后，接下来就是选材的环节了。在各种各样的心事中，同学们要选出自己心中最深刻的"心事"，并选出自己最有话说的心事，然后再考虑动笔。

现在请大家回想一下，同学们刚才讨论的以"青春期的心事"为中心的话题中，你们个人最深刻的心事是什么？请举手发言。

学生1：我最深刻的心事是找到自己的兴趣爱好，因为在青春期我们经常会迷茫，不知道自己喜欢什么。

教师：很好，这是一个非常好的选材。请问你们最有话说的心事是什么呢？

学生2：我最有话说的心事是关于家庭的，因为在青春期我们经常会和家里发生矛盾，需要学会如何处理家庭关系。

教师：非常好，这也是一个非常好的选材。大家可以根据自己的立意，选择与之相关的材料进行写作。另外，如果是考场作文，还应符合考场作文的要求，必须主题积极向上，不写较敏感的或政治性太强的事件。请大家注意。

六、布置作业

完成这次作文。

案例四

初中年级片段训练习作第一课时
（"一读、二话、三练、四改、五评"）教学设计

【教学目标】

通过片段训练，学生能进行细致的描写。

【教学重难点】

片段练习。

通过片段练习，掌握细节描写的技巧。

【教学方法】

演示实验、练习，分析片段练习的方法。

【教学过程】

一、组织教学、课堂导入（"一读"）

同学们在学习语文的过程中，感到最难的是写作文，往往绞尽脑汁而无处下笔，搜肠刮肚找不到一个词语。其实，你们都是幸运的，因为前人留给我们太多的宝藏：孔子的"三人行，必有我师"，李太白的杯中酒，曹雪芹笔下的十二金钗……只要我们能多读好书，再掌握一定的作文技巧，又何愁写不好作文呢？在这节课我们一起解决作文中的一个难题："怎么进行细致的描写"？

二、讲授新课（"二话"）

板书设计

三式妙法巧绘大千世界

描写三原则：①有什么（对象）；②怎么样（细致）；③像什么（修辞）

---

1. 教师演示：教师手拿一个纸飞机，用力投掷出去，然后飞机掉到了地上。

要求：

（1）学生要仔细观察，然后用一段话描写；

（2）学生之间交流、分享。

2. 摘录两个学生写的两段话：

a. 教师把纸飞机用力投掷出去，飞机在空中飞了一圈，掉到了地上。

b. 教师右手拿一个纸飞机，高高向斜后方举起，身体向右倾斜45度角，右脚后退一小步，头微微抬起，向斜上方看，用力地将飞机投掷出去。飞机在空中像一个翩翩起舞的女子，画了一道优美的弧线，轻轻地站在了地上。

3. 分析这两段话，你认为哪段写得好？为什么？

4. 教师引导分析得出描写三原则。

教师总结：描写是什么呢？我认为描写就是把你看到的东西，可能是一个人、一件物品、一个场景，告诉没有看到的人。如果你要告诉别人什么，首先一定要自己清楚。描写时，除了告诉别人"有什么""怎么样"外，还要告诉别人"像什么"（板书"像什么"），即运用一定的修辞，这样才能使你的作文生动形象。"有什么"使我们明白了描写的对象，"怎么样"使描写具体起来，而"像什么"使描写变得更形象、生动。这三点就是描写三原则。

三、课堂练习（"三练、四改、五评"）

1. 接下来，学生按照描写三原则，检验自己刚刚完成的描写文字，用"四改"法进行修改。

2. 教师让学生将自己修改后的片段读出来，然后学生之间进行互评，教师让学生将自己修改后的片段读出来。（"五评"）

3. 美文共赏。分析朱自清的《春》：春天里"有什么"？春天里"怎么样"？春天的事物"像什么"？

四、布置作业

每人发一张图片——小鸭游水图，让学生课后按图片上的画面内容进行描写练习。要求用词准确，100字左右。

五、教学反思

通过本节课对描写的练习，同学们都有一个想法：原来写好作文并不难。这也是这节课上我要告诉同学们的一个道理——写作文并不难。但也有一部分同学词句匮乏，以后一定要加强词句的积累。

高中阶段作文五步法的应用案例分享

一、高中阶段的作文体裁

高中作文按体裁主要分为记叙文、说明文、应用文、议论文。

1. 记叙文

记叙文主要通过叙述人物的经历、事物的发展变化以及描写场景等方式来表达作者的思想和感情。这种文体要求语言生动、形象，能够引起读者共鸣。记叙文的结构一般是由开端、过程和结局三个部分组成。需要注意的是，不同类型的记叙文可能会有不同的结构和写作方式。

高中阶段的记叙文有五种表达方式：叙述（是表述时间过程的艺术）；描写（是展示空间状貌的艺术）；议论（是谈看法的说理艺术）；抒情（是抒发、倾吐的流露宣泄艺术）；说明（是科学性和实用性相结合的告知艺术）。五种表达需要背诵，是写好作文的基本功。

2. 说明文

说明文主要通过对实体事物科学的解说、对抽象事理的阐释等方式来传递知识。这种文体要求语言准确、清晰，能够使读者易于理解。说明文的结构一般是由引言、主体和结论三个部分组成。需要注意的是，写说明文时要遵循事实、逻辑和科学性原则。

说明文的中心鲜明突出，文章具有科学性、条理性，语言确切生动。它通过揭示概念来说明事物特征、本质及其规律性。说明文一般介绍事物的形状、构造、类别、关系、功能，解释事物的原理、含义、特点、演变等。

说明文实用性很强，包括广告、说明书、提要、提示、规则、章程、解说词等。说明文有的是以时间为序，有的是以空间为序；有的由现象写到本质，有的由主写到次；有的按工艺流程顺序来说明，有的按事物的性质、功用、原理等顺序来说明。

3. 应用文

应用文是人们在生活、学习、工作中为处理实际事物而写作的文体，具有实用性和规范化的特点。应用文的种类很多，如公文、商业信函、求职信、简历等，不同类型的应用文有其格式和写作规范。应用文的语言要求准确、简明扼要，不偏离主题，能够达到预期的效果。

应用文是人类在长期的社会实践活动中形成的一种文体，是人们传递信息、处理事务、交流感情的工具，有的应用文还用来作为凭证和依据。随着社会的发展，人们在工作和生活中的交往越来越频繁，事情也越来越复杂，因此应用文的功能也就越来越多了。所谓应用文是人们在生活、学习、工作中为处理实际事物而写作，有着实用性特点，并形成惯用格式的文章。

4. 议论文

议论文主要是通过剖析事物、论述事理、发表意见、提出主张等方式来表达作者的观点和态度。这种文体要求观点明确、逻辑严密，能够说服读者。议论文的结构一般是由引言、正文和结论三个部分组成。需要注意的是，论据要充分，语言要精练，不能出现偏见和情绪化的语言。

议论文是以议论为主要表达方式，通过摆事实、讲道理直接表达作者的观点和主张的常用文体。它不同于记叙文以形象生动的记叙来间接地表达作者的思想感情，也不同于说明文侧重介绍或解释事物的形状、性质、成因、功能等。总而言之，议论文是以理服人的文章，记叙文和说明文则是以事感人、以知授人的文章。

二、高考作文类型

高中作文按类型主要分为命题作文、话题作文、半命题作文、材料作文、新材料作文等。

1. 命题作文

命题作文一般是指出题者给出一个既定的题目，要求应试者根据这个给定题目写作。它包含事件、人物、场面等要素。

▲以命题作文为例制订记叙文的教学计划和教学内容

（1）确定教学目标：明确教学目标，例如让学生掌握记叙文的写作技巧和方法，提高写作水平和语言表达能力。

（2）确定教学内容：根据教学目标，确定教学内容，例如讲解记叙文的基本结构、情节设置和人物描写等，以及一些高分范文的分析和欣赏。

（3）设计教学活动：根据教学内容，设计相应的教学活动，例如讲解、示范、练习、交流等，以及一些写作任务和写作挑战，如续写、改编、仿写等。

（4）选择教学资源和教具：选择适合的教学资源和教具，例如课件、教具、多媒体等，可以丰富教学内容，提高教学效果。

（5）确定教学评价方式：通过对学生作文的评价，及时发现学生的问题和不足，及时调整教学方法和内容，帮助学生提高写作能力。

（6）适度增加拓展内容：根据学生的实际情况和教学效果，适度增加一些拓展内容，例如名言警句、优秀作品欣赏等，可以提高学生的语言素养和阅读能力。

（7）不断完善教学内容计划：根据学生的实际情况和教学效果，不断完善教学内容计划，使其更加符合学生的学习需求和教学要求。

2. 话题作文

话题就是指谈话的中心；以所给的话题为中心，并围绕这个中心内容而进行选材写出的作文就是话题作文。这类作文题表面上一般不含有观点，内容上不予限制，形式上往往也是体裁不限。

▲以话题作文为例制订记叙文的教学计划和教学内容

（1）确定教学目标：明确教学目标，例如让学生掌握记叙文的基本结构、情节设置和人物描写方法，提高写作水平和语言表达能力，同时培养学生的思维能力和文学素养。

（2）确定话题范围：根据高中学生的年龄特点和学科要求，确定适合的话题范围，例如生活、学习、社会、文化、历史等方面的话题，既符合学生的实际生活经验，又有助于拓宽学生的视野和思考。

（3）分析话题特点：对所选话题进行分析，了解其特点和内涵，从中挖掘出适合写作的思路和主题，引导学生从不同角度思考话题，拓展写作思路。

（4）选择范文：选择一些优秀的范文，进行分析和点评，让学生了解优秀作品的优点和特点，以及如何运用其写作技巧和方法。

（5）讲解基本要求：讲解记叙文的基本要求，例如要求结构完整、情节连贯、人物形象鲜明、语言流畅等，让学生理解作文的基本要素和注意事项。

（6）练习写作：让学生根据话题进行写作练习，可以多次练习，并及时给予反馈和指导，帮助学生不断改进和提高。

（7）交流分享：让学生在班内进行交流分享，互相借鉴和学习，可以帮助学生更好地理解作文要求和提高写作水平，同时也可以拓宽学生的视野和思考。

（8）进行作文评价：通过对学生作文的评价，及时发现学生的问题和不足，及时调整教学方法和内容，帮助学生提高写作能力，同时也可以促进学生的自我反思和提高。

3.半命题作文

半命题作文就是指作文题目只出现一半或一部分，另外一半或一部分由人们自己去补充的一种作文。综观全国各地中考作文试题，半命题作文占有相当的比例。

▲以半命题作文为例制订记叙文的教学计划和教学内容

（1）确定教学目标：明确教学目标，例如让学生掌握记叙文的基本结构、情节设置和人物描写方法，提高写作水平和语言表达能力。

（2）设计半命题作文题目：根据教学目标，设计半命题作文题目，例如给出一个开头或结尾，让学生根据其自由发挥，或给出一个主题，让学生自己构思情节和人物。

（3）讲解基本要求：讲解半命题作文的基本要求，例如要求结构完整、情节连贯、人物形象鲜明、语言流畅等，让学生理解作文的基本要素和注意事项。

（4）分析范文：选择一些高分范文，进行分析和点评，让学生了解优秀作品的优点和特点，以及如何运用其写作技巧和方法。

（5）练习写作：让学生根据半命题作文题目，进行写作练习，可以进行多次练习，并及时给予反馈和指导，帮助学生不断改进和提高。

（6）交流分享：让学生在班内进行交流分享，互相借鉴和学习，可以帮助学生更好地理解作文要求和提高写作水平。

（7）进行作文评价：通过对学生作文的评价，及时发现学生的问题和不足，及时调整教学方法和内容，帮助学生提高写作能力。

4. 材料作文

材料作文，是根据所给材料和要求来写作文的一种作文形式。材料作文的特点是要求考生依据材料来立意、构思，材料所反映的中心就是作文中心的来源，不能脱离材料所揭示的中心来写作。

▲以材料作文为例制订议论文的教学计划和教学内容

（1）确定教学目标：通过作文五步法的教学，使学生掌握材料作文的写作技巧，提高议论文的写作能力，培养学生的逻辑思维和批判性思维。

（2）明确教学内容：①理解材料（引导学生仔细阅读和分析作文材料，提取关键信息，理解材料的主旨和意图）；②互相交流来确定论点（基于材料的主旨，指导学生如何确立一个明确、合理的论点，确保论点与材料紧密相关）；③构建框架（教授学生如何构建议论文的基本框架，包括引言、正文（论证）和结论三个部分，确保作文结构清晰）；④论证分析（详细讲解如何进行论证分析，包括如何选择合适的论据、如何进行逻辑推理、如何运用事实和数据来支持论点等）；⑤修订完善（强调作文修订的重要性，教授学生如何进行自我检查和修改，以提高作文的质量和逻辑性）。

（3）选择教学方法：通过"一读"使理论讲解与实例分析相结合。通过讲解理论知识，结合具体的材料作文实例，帮助学生理解和掌握作文五步法。通过"二话"互动讨论与合作探究，鼓励学生积极参与课堂讨论，与同伴合作探讨材料作文的写作技巧，共同提高。通过"三练"使写作实践与及时反馈相辅相成。通过"四改"布置相关的写作练习，及时给予反馈和指导，帮助学生巩固所学知识，提高写作能力。

（4）做好教学评估：通过学生的课堂表现、讨论参与情况以及写作文的质量，用"五评"评估学生对"作文五步法"的掌握程度和议论文写作能力的提高情况。

5.新材料作文

▲以新材料作文为例制订应用文的教学计划和教学内容

（1）确定教学目标：了解新材料的特点和应用范围；学习应用文的基本结构和写作技巧；能够根据不同情景和目的撰写各类应用文；培养学生语言表达和写作能力。

（2）明确教学内容：①授课讲解（通过讲解新材料和应用文的基本知识，介绍应用文的基本结构和写作技巧）；②练习指导（通过练习指导和实例分析，引导学生掌握应用文的写作技巧和方法）；③互动讨论（通过互动讨论和小组讨论，促进学生的批判性思维和创造性思维，提高学生的语言表达和写作能力）。

（3）选择教学方法："一读"（读透材料，把握核心。要求学生仔细阅读提供的材料，确保对材料内容有全面而深入的理解。引导学生抓住材料中的关键词和核心思想，明确作文的主题和方向）；"二话"（分析思路，提炼观点。在理解材料的基础上，引导学生分析作文可能的写作角度，提炼出有深度和独特性的观点。通过小组讨论的形式，让学生交流思想，拓宽写作思路）；"三练"（练习写作，形成初稿。在明确观点和思路后，要求学生开始写作，形成初稿。在这个阶段，鼓励学生大胆表达，不拘泥于细节，尽量将主要观点和内容展现出来）；"四改"（修改完善，提升质量。初稿完成后，指导学生进行自我修改和同伴互改。重点关注语言表达是否流畅、逻辑是否清晰、观点是否充分。通过修改，不断提升作文的质量）；"五评"（评价反馈，激励进步。教师对学生的作文进行评价，给予具体的反馈和建议。评价过程中，注重鼓励学生的进步和创新，激发他们的写作热情。同时，鼓励学生之间互相评价，促进彼此之间的交流和学习）。

附　高中阶段作文课实例

案例一

高中年级描写系列习作第一课时
（"一读、二话、三练、四改、五评"）教学设计

【教学目标】

一、学习准确表达自己的心灵感悟。

二、培养学生对生活的感激之情和敏锐的感受力。

【教学重难点】

一、学习运用细节描写的方法。

二、以记叙为主，综合运用描写、议论、抒情等表达方式。

【教学方法】

指导作文，不能光指导写法，更要指导内容。本单元是全书的第一单元，目的就是培养学生对生活的敏感，作文时要尽量发掘感动点，从自己的生活储备中提取曾经触动心灵的人和事。

选修教材《文章写作与修改》第三章第一节《捕捉动情点》可作为重要参考。

【教学步骤】

一、课前准备

1. 课前布置预习"心灵共鸣：写触动心灵的人和事"。

2. 主动收集相关素材。

二、教学过程（"一读、二话"）

1. 先让学生回忆一下，自己过去写的作文有哪几篇是成功的？在写这些作文时是不是动了感情？由此引入这一次的话题。

2. 可让学生就课文后的练习，选择一个自己感兴趣的，进行思考和交流，谈谈选择的理由，以便互相启发。

3. 作文赏析。

手帕

湖北枝江市第一中学　甘玲珑

母亲有个习惯,在春夏更替的时候总会把一家大小的衣服分门别类地叠好。又是5月份了,她照例收拾着衣物。我躺在沙发上翻着一本旧杂志,茶几上一束纯白的栀子花发出浓郁的香。

"玲珑,你看,这儿有好多条手帕呢!"母亲突然转过身来对我说,似乎很兴奋。

"手帕?"我喃喃道,心底竟泛出一丝陌生和温馨。我放下杂志,走到母亲身旁,她正在仔细地折着每一方手帕。

"你还记得这些手帕吗?十几年的全在这儿啦。你看,这块蓝色的,还记得吗?你才四岁的时候,我常用一个别针将它别在你的外套上,给你擦汗。看着你在我前面颠颠地跑,手帕一荡一荡的,真像一只花蝴蝶呢!"母亲絮絮叨叨地说着,并不看我,完完全全地沉醉在幸福的回忆中。我静静地听着,不敢吱声,我无法应和母亲——因为我什么也不记得了。

"还有这块白色红边儿的,是你十岁那年特意订制的。看,上面还印着字哩——'爱女玲珑十岁生日快乐'。唉,日子过得真快,转眼就八年了,一眨眼的工夫。"她轻轻叹息了一下,把脸对着我,可她那慈爱的目光却让我不知所措。我是多么希望自己能记得这些往事啊!哪怕是模糊的、零碎的也好!我无法想象,为什么母亲如此细心地收藏着过往,如数家珍般道出我的点滴。她不是常常抱怨说人老了,记性坏了吗?

我承认,我是彻底地将手帕的故事忘了,很随意地扔在了记忆的角落。况且,现在也不时兴手帕了,取而代之的是一种纸巾,薄如纱,白若雪,香似兰,装在一个很精致的塑料口袋中。当我流汗了,取出一张,轻轻一擦,质感很好,且还有一阵隐约的香气,然后随手扔掉,多方便。于是很自然地,手帕便不常被人记得了。我的书包中全是柠檬香型的纸巾,手帕的概念变得淡然了,甚至要忘却。若不是母亲无意中提起,我实在无法忆起这些手帕曾属于我。

我们这一代，很容易接受新的东西，也很轻易地会忘记一些什么，即便是最基本、最真实的爱。而母亲则不同，她是岁月的收藏者，永远地走在我的身后，悄无声息地拾起我遗漏的心情和初始的纯真。

我感到眼中有些潮湿，低着头，轻声说："妈，您怎么还记得这么多呢？"

母亲沉默了一会儿，才回答说："怎么会不记得呢？"她又像是在自言自语。我的泪悄然落下。是啊，怎么会不记得呢？

因为爱着，所以记得。

4. 赏析教材中黄方国的《父亲》一文的片段。有可能的话，将《父亲》《手帕》全文印发给学生。

5. 教师可让学生讨论《手帕》《父亲》两篇文章，然后自由发言，说说两文是如何写出触动人的心灵的人和事的。

6. 教师总结，以上两篇文章，一篇写事，一篇写人，都能触动人的心灵。写作素材可以来自阅读，可以来自生活；可以表现为情感的共鸣，也可以表现为理性的思考。写触动心灵的人和事可以从以下三个方面入手。

第一，发掘感动点。从自己的生活储备中寻找资料，要特别留意是什么人、什么事、什么地方曾使你的心灵受到了触动，要把它挖掘出来。

第二，提炼素材。提炼素材的过程，往往是发掘主题、深化意蕴的过程。要善于从触动心灵的人和事中提炼出有价值的东西：它为什么触动你？你从中受到了什么启发？要把这些感悟写出来。

第三，以记叙为主，综合运用描写、议论、抒情等表达方式。

案例二

高中年级一事一议系列习作第一课时
（"一读、二话、三练、四改、五评"）教学设计

【教学目的】

一、学习议论文一事一议的写法。

二、能够从材料中归纳出中心论点，论点要鲜明。

三、能够通过摆事实、讲道理论证论点。

【教学重难点】

一、如何从材料中提炼出中心论点。

二、叙事要简明扼要。

【教学过程】

一、复习议论文的知识（"一读"）

论点：作者对所论述问题的见解和主张，是议论文的灵魂。（需要证明什么）

论点应该是明确的判断，是作者看法的完整陈述，在形式上应该是完整的句子。

论据：证明论点成立的材料。（用什么来证明）

论据的形式是摆事实和讲道理。

论证：用来证明论点的过程。（怎样证明）

论证方法有举例论证、道理论证、对比论证、比喻论证等。

二、学习一事一议的写法（"二话"）

1. 什么是一事一议

即事说理，有感而发。一事一议的文章一般由叙事和说理两部分组成，先叙述一件事，再就这件事发表自己的见解，说明一个道理。

2. 叙事部分

叙什么：可以是应该肯定的正面事例，也可以是应该批评或引为教训的反面事例。最好是发生在自己身边，且较有普遍意义或应引起大家重视，而自己感受也最深的事情来写。怎样叙？一要清楚简约，二要根据说理的需要对有关材料作适当的取舍。与所说之理有关的部分要叙述得具体一些，突出一些；反之，则可以少叙或不叙。说理的中心不同，叙述的角度也就不一样，叙述要为所说之理奠定坚实的基础，然后再以理为核心展开议论也就顺理成章了。

（举例略。）

3. 议论部分

对所叙之事的是非、优劣，或肯定，或否定，或褒扬，或贬斥。还可以就这件事进行联想，表达自己的一点儿看法，阐述一个道理。

（举例略）

4. 事和议的关系

（1）事实是议论的基础，事实胜于雄辩，因此一般是先叙后议。

（2）摆事例，不需要写得详细、具体，只需概括地写出来就行了。

（3）然后根据材料反映的问题提出自己的看法，也就是论点。

（4）观点一定要围绕材料提出，不能偏离前面的事实。

三、写一事一议作文要注意的问题

（1）叙事要尽量简约明快。

（2）要注意选准一个论点进行议论，不要写成一事二议或一事三议。

（3）议论要有力度，不能泛泛而谈，因此要注意议论的题目要开得小些，结构要紧，语言要精。

（4）议论的角度要有新意，要能得出与众不同的见解与看法。

四、课堂练习（"三练"）

材料：狐狸想穿过墙洞去吃院子里的葡萄，洞很小，只好在洞外斋戒七天，让身体瘦下来。狐狸钻过墙洞，吃够了葡萄，身体却长肥了，想逃出墙洞，只好再斋戒七日，最终依然是一只瘦狐狸。

要求：思考狐狸吃葡萄的过程，确立自己的观点，写成一篇 400 字左右的议论文。

作文实例

论得与失之间的智慧

狐狸想吃葡萄，这是其本能所驱使。然而，为了吃到葡萄，狐狸不得不先让自己瘦下来，这体现了它的智慧和决心。当狐狸终于吃到了葡萄，身体却又变胖。这时，它想要逃脱却再次需要斋戒。这不禁让人深思：在追求目标的过程中，我们是否也常常陷入这样的循环，得与失之间究竟隐藏着怎样的智慧？

狐狸的遭遇告诉我们，追求目标的过程中，牺牲和付出是必要的。狐狸为了吃到葡萄，不惜让自己变瘦，这种决心和毅力值得我们学习。然而，狐狸的遭遇也警示我们，单纯的追求并不足够，我们还需要有长远的眼光和规划。狐狸在享受葡萄的美味后，身体变胖，这时应该预见到逃脱的困难，提前做好准备，而不是等到无法逃脱时再想办法。

得与失之间的智慧，其实是一种平衡，也是一种选择。我们在追求目标的过程中，往往只看到得到的一面，而忽视了失去的可能。这种片面的追求，往往会导致我们陷入困境。狐狸的经历告诉我们，得到并不是唯一的目标，我们还要学会在得到的同时，避免不必要的失去。狐狸在吃到葡萄后，可以选择适可而止，避免身体变胖钻不出去，这样就不必再次斋戒。然而，狐狸选择了贪婪，最终处于困境。这告诉我们，在面对选择时，我们要学会权衡利弊，做出最明智的决定。

（另一篇不同角度的例文略。）

五、布置作业

阅读下面的材料，把自己感受最深的一点儿认识，写成一篇观点明确、600字左右的议论文。

有位地理教师讲到中国四大海产（墨鱼、带鱼、大黄鱼、小黄鱼）时，一个学生忽然问：大小两种黄鱼有什么区别？这位教师虽然教地理 30 年，可从没碰过这问题，只好回答不知道。

案例三

高中年级一事一议系列习作第一课时
（"一读、二话、三练、四改、五评"）课堂实录

【教学过程】

一、复习议论文的知识（"一读"）

教师：今天我们学习了论点在写作中的重要性。论点是作者对所论述问题的见解和主张，是议论文的灵魂。在写作中，如果没有明确的论点，文章就会失去重心，失去说服力。那么，如何写出明确的论点呢？首先，论点应该是作者看法的完整陈述，在形式上应该是完整的句子。其次，我们需要用论据证

明论点成立。论据是事实或道理，用来支持论点。最后，我们需要论证，用来证明论点的正确性。论证采用举例论证、道理论证、对比论证、比喻论证等方法。举例论证是通过举例来证明论点。比如，如果我们要论证"读书对人的成长很重要"，可以举出一些成功人士的例子，说明他们的成功与阅读有关。道理论证是通过引用一些经典的道理来证明论点。对比论证是通过对比不同的情况来证明论点。比喻论证是通过比喻证明论点。总之，论点是写作的核心，需要在作文中明确表达出来。而论据和论证则是用来支持和证明论点的重要工具。希望大家能够在今后的写作中，更加注重论点的构建和论证，写出优秀的作文。

二、学习一事一议的写法（"二话"）

教师：同学们，今天我们学习一种写作方法——一事一议。你们知道一事一议是什么吗？

学生：老师，一事一议是指通过对某件事情的叙述和分析来表达自己的观点和看法。

教师：很好，那么在写一事一议的作文时，我们应该如何叙述呢？

学生：我们可以先叙述一件事情，可以是正面的事例，也可以是反面的事例。最好是发生在自己身边，有普遍意义或应引起大家重视的事情。

教师：非常好，你们知道在叙述时有哪些需要注意的吗？

学生：我们需要保持论证过程清楚简洁，根据说理的需要对有关材料做适当的取舍。与所说之理有关的部分要叙述得具体一些，突出一些；反之，则可以少叙或不叙。

教师：非常好，你们已经掌握了叙事部分的要点。接下来我们来学习议论部分。你们知道在议论时应该表达什么吗？

学生：我们可以对所叙之事的是非、优劣，或肯定，或否定，或褒扬，或贬斥。还可以就这件事进行联想，表达自己的一点儿看法，阐述一个道理。

教师：非常好，你们已经掌握了一事一议的写作方法，可以通过课后练习来进一步巩固。

教师：同学们，今天我们要学习的是写一事一议作文。首先，我们要明确一件事情，那就是事实是议论的基础，因此一般是先叙后议。这个大家都理解吗？

学生A：老师，我想问一下，先叙后议是什么意思？

教师：很好的问题。先叙就是先讲述事情的情况和背景，让读者了解事情的来龙去脉；后议就是根据这个事实，提出自己的看法和立场。这样写能够更加有说服力。大家有没有听懂？

学生B：老师，我觉得摆事例也很重要。

教师：非常正确。摆事例是为了支持自己的观点，让读者更加信服你的立场。不需要写得太详细，只要简单概括一下就可以了。你们有什么问题吗？

学生C：老师，我想问一下，观点是怎么写的？

教师：非常好的问题。观点应该围绕材料提出，不能偏离前面的事实。这样才能让读者更加信服你的论点。

学生D：老师，我觉得写作时要注意语言的精准度。

教师：非常正确。写作时，要注意叙事尽量简约明快，要注意选准一个论点议论，不要写成一事二议或一事三议。而且，议论要有力度，不能泛泛而谈，因此要注意议论的口子要开得小些，结构要紧，语言要精。还有，议论的角度要有新意，要能得出与众不同的见解与看法。

三、课堂练习（"三练"）

教师：同学们，今天我们要练习的是写一篇关于狐狸吃葡萄的议论文。大家先读一下这个材料，思考一下狐狸吃葡萄的过程中可能出现的想法。对此你们有什么看法和观点？

学生A：老师，我觉得狐狸很聪明，想到了在洞外斋戒七天，让身体瘦下来，钻过墙洞去吃葡萄。

教师：很好的观点，狐狸的聪明才智确实令人佩服。但是，狐狸为了吃葡萄而去斋戒，这样的行为是否值得我们肯定呢？大家思考一下。

学生B：老师，我觉得狐狸这样做不值得肯定。斋戒七天，只为了吃葡萄，这样的行为太过消极和自私了。

教师：非常正确。我们应该肯定狐狸的聪明才智，但是不能忽略其消极和自私的行为。大家有没有别的观点？

学生C：老师，我觉得狐狸为了吃葡萄而去斋戒，最终的结果是徒劳无功，因为依然是一只瘦狐狸。这表明，只靠消极和自私的行为是无法获得成功的。

教师：非常好的观点。狐狸的行为告诉我们，只有付出真正的努力和行动，才能获得真正的成功。大家有没有别的观点？

学生D：老师，我觉得狐狸为了吃葡萄而去斋戒，是一种错误的做法。因为这样做既浪费了时间，又对身体不好，最终的结果也不是很好。

教师：非常正确。狐狸的行为告诉我们，错误的做法往往会导致错误的结果。因此，在生活中，我们要谨慎选择自己的行为方式，才能取得真正的成功。好，现在大家可以根据自己的观点，写一篇议论文。

四、布置作业

教师：同学们，我今天给大家讲解中国四大海产，其中包括墨鱼、带鱼、大黄鱼和小黄鱼。大家有没有听说过这些海产？

学生A：老师，我听说过大黄鱼和小黄鱼，但是不知道它们有什么区别。

教师：区别？这个问题我也不太清楚，你能不能给我一些时间，让我查一查资料？

学生B：老师，我能够帮助您解答这个问题。我在网上查到了一些资料，大黄鱼和小黄鱼名称相近，而且从类别来看二者也是非常接近的，它们的目、科、属都相同。但这并不能说明二者是同一种鱼。大黄鱼别称"大黄花鱼""大王鱼"，体型较大，主要分布在东海和黄海的南边。小黄鱼别称"小黄花鱼""小鲜"，体型较小，主要分布在渤海、黄海、东海。

教师：非常感谢你的帮助，你的回答非常清晰明了。这也告诉我们，我们在学习中，不仅要依靠自己的努力，还要善于借助网络等工具，提高自己的学习效率。

学生C：老师，我觉得这个问题也告诉我们，老师并不是万能的，他们也会有不知道的问题。这也提醒我们，在学习中，不能依赖老师，要多动脑筋，积极探索问题的答案。

教师：非常正确。学习并不是单方面的，学生也要扮演重要的角色。我们要充分发挥自己的想象力和创造力，积极思考问题的解决方法。

学生D：老师，我觉得这个问题也告诉我们，老师的知识面是有限的，我们要多关注其他领域的知识，才能更全面地了解世界。

教师：非常正确。知识是无穷的，我们应该不断拓展自己的学习领域，多关注其他领域的知识，才能更全面地了解世界。好，现在大家可以根据自己的观点，写一篇议论文，分享自己的感受。

案例四

高中年级类比论证习作第一课时
（"一读、二话、三练、四改、五评"）教学设计

【教学目标】

一、知识目标

1.了解对比论证的相关知识及其类型。

2.学生从所学的《师说》《过秦论》课文中找到对比论证，并在写作时借鉴。

二、能力目标

树立文体规范意识，提高学生写议论文的能力，灵活运用对比论证方法。

三、情感目标

在议论文写作中，学生通过使用对比论证的方法，明确是非善恶，能明确表达自己的看法。

【教学重点】

一、学习《师说》《过秦论》两篇古文中对比的论证方法。

二、辨析纵向对比和横向对比。

【教学难点】

学生在具体写作时能借鉴古文中的对比论证，在规定的时间内写出一篇说理透彻的议论文。

【教学过程】

一、导入（"一读"）

议论文是考生在考试中遇到频率最高的一种文体。许多学生之所以不能写

出一篇说理透彻的议论文，是因为不能恰当运用常见的议论文论证方法。从多次作文阅卷情况来看，大多数同学只会使用例证法，论证方法很单一。其实，语文课本中的古代议论性散文《师说》《过秦论》《劝学》等名篇，已经为我们展示了精妙的论证方法。今天，我们就从这些古文当中学习论证方法中的对比论证。

二、对比论证的定义（"二话"）

什么是对比论证？

用相反或相对的两方面事实或道理论证论点的论证方法。对比可以是两个不同的事物，也可以是一个事物的两个不同方面。

三、学习《师说》《过秦论》的对比论证

《师说》运用正反对比论证的方法，造成了强烈的反差效果，使作者主张从师学习的观点不言自明，值得同学们学习借鉴。而《过秦论》运用对比论证方法也堪称精彩绝伦——通篇的对比：秦国本身先强后弱，先盛后衰，先兴旺后灭亡的对比；秦与九国之师的对比；陈涉与九国之师的对比；秦与陈涉的对比。这样的对比让人对秦的灭亡感到触目惊心，对秦灭亡的原因认识得更加深刻透彻。这也让我们看到，对比论证这一平常普通的论证方法运用得当，其作用多么神奇而强大。

四、介绍对比论证的两种类型

1. 纵向对比，就是对不同历史时期内属于同一类的不同事物，或是同一事物在不同发展阶段的不同情况进行"纵向"对比，是非得失，一目了然。

※ 学生查找，教师概括

嗟乎！师道之不传也久矣！欲人之无惑也难矣！古之圣人，其出人也远矣，犹且从师而问焉；今之众人其下圣人也亦远矣，而耻学于师。是故圣益圣，愚益愚。

（《师说》第二段）

首先阐明观点"师道不传，人而有惑"，接着从纵向选定具备相反行为属性的古之圣人和今之众人，即古之圣人从师、今之众人耻师的对比进行分析论证：古之圣人"从师而问"，而今之众人"耻学于师"，结果是"圣益圣，愚益愚"。对待从师完全不同的态度，引出截然相反的结果，在正反对比中作者"人必从师"

的观点更具典型性和说服力。

又如《过秦论》中纵向对比——秦国和秦朝的对比。由弱到强，原因是"商君佐之，内立法度，务耕织，修守战之具，外连衡而斗诸侯"的这些政策符合社会发展，是"仁义之施"，因此逐渐强大是必然结果。由强到弱，原因是"废先王之道"不施行仁义，因此逐渐衰弱直至灭亡也是必然结果，这就强有力地证明了中心论点。

2. 横向对比，则是对同一时期的同一类事物，或同一事物内部存在的各个方面进行"横向"对比，好坏优劣，不言自明。

※学生查找，教师概括

巫医乐师百工之人，不耻相师。士大夫之族，曰师曰弟子云者，则群聚而笑之。问之，则曰："彼与彼年相若也，道相似也，位卑则足羞，官盛则近谀。"呜呼！师道之不复，可知矣。巫医乐师百工之人，君子不齿，今其智乃反不能及，其可怪也欤！

（《师说》第二段）

作者对当时社会上出现的两类人即巫医乐师百工之人和士大夫之族进行横向对比。将"君子不齿"的"巫医乐师百工之人"与自恃高贵的"士大夫之族"截然不同的从师态度及其结果加以对比，深入分析"师道"难复、耻师成风的社会根源，让读者充分认识到"从师"的必要性，从而有力地证明了中心论点"学者必有师"。

又如《过秦论》中的横向对比。首先拿秦国和九国对比，反衬出秦国的强大，含蓄地指出秦国历代君王"因遗策"施行仁政，势力才如此强大，为论点的提出做好了充分的准备。紧接着拿秦朝和陈涉对比，突出了双方的尊卑、才能、军队、武器的悬殊，而弱小的陈涉竟能一呼百应，共起灭秦，原因正在于秦朝的"仁义不施"。最后拿陈涉和九国对比，前者势单力薄却起事之易，一举灭秦；后者实力雄厚却攻秦之难，自取灭亡。这突出了陈涉的弱小以及败秦的"轻松"，实际上还是为了证明中心论点"仁义不施而攻守之势异也"，无疑增加了强大的论证力量。

五、写作中常见问题

在阅卷中发现，学生运用对比论证时最常见的问题就是不会"议"例：举出正反事例后，不再作半点分析和拓展，呈现出"论点+正反例子"的简单模式，这样使论证缺少了说服力。

赏析下面片段。

诗意的生活，源自人们内心的和谐。（观点）如水般澄澈的林妹妹幽居在潇湘馆，在那一丛青翠的绿竹下迎风洒泪，对月抒怀，吟出一句句清巧奇谲的诗。（正面例子）而浑身散发着酒肉臭的薛蟠却只懂得猜拳行令，信口开河胡诌些"一个蚊子哼哼哼"的段子。（反面例子）内心和谐，充溢着对万物的爱的人才可以诗意地生活。（结论）　　　　　　　　节选自《诗意地生活》

补充：试想，一个内心浑浊不堪的人怎能让生活充满诗意呢？一个人的生活态度往往是其内心的真实反映。

六、运用对比论证的操作步骤

确定作文所要阐述的观点→为自己的观点选定具有相反或相异属性的人或事（先正面举例后反面举例或者相反）→找出对比点紧扣观点进行分析→得出结论

具体公式：论点→甲事物+对比事物→对比点→结论

七、拓展学习（"三练"）

以"双赢"为话题，写一段对比论证的练笔。

（多媒体展示下面《双赢》范文。）

双赢是一种人伦的智慧之美。（观点）郑和是一个航海家，率领船队浩浩荡荡地出发。他带着天朝上谕，所到之处，送陶瓷，送丝绸，送茶叶。他送去了一个古老的东方国度的文化，也受到异域的礼赞和膜拜，同时也学习了异域文化。他用的是东方的"礼"，是东方的智慧。（正面例子）当哥伦布带着他远洋的发现，成为西方殖民者在海上旅行的明灯时，他只不过是一个殖民者的先驱，为了东方的黄金，为了东方的丝绸而来。所到之处，带给土著居民的是灾难。带走了车载斗量的财富，留下了殖民地人民泣血的控诉。（反面例子）所以郑和的航海史是金色的，处处焕发着"双赢"所带来的人伦光辉；所以哥伦布的航海史是血色的，处处浸染着贪婪所带来的罪恶。（抓住对比点进行分析得出结论）

八、板书设计

纵向对比横向对比

《师说》

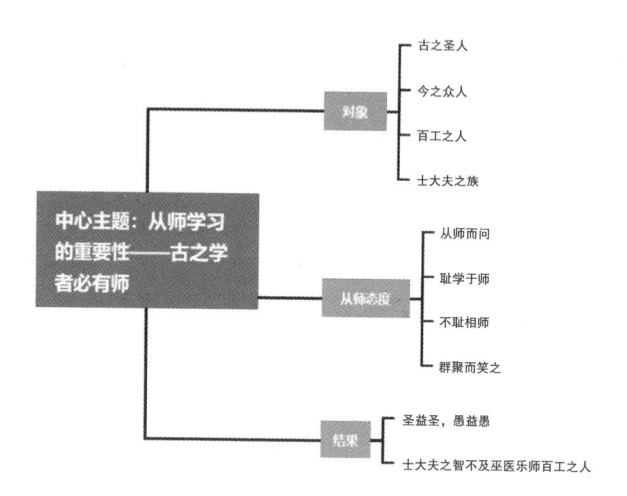

中心主题：从师学习的重要性——古之学者必有师

- 对象
  - 古之圣人
  - 今之众人
  - 百工之人
  - 士大夫之族
- 从师态度
  - 从师而问
  - 耻学于师
  - 不耻相师
  - 群聚而笑之
- 结果
  - 圣益圣，愚益愚
  - 士大夫之智不及巫医乐师百工之人

《过秦论》

陈涉——九国之师

论述中心：仁义不施而攻守之势异也

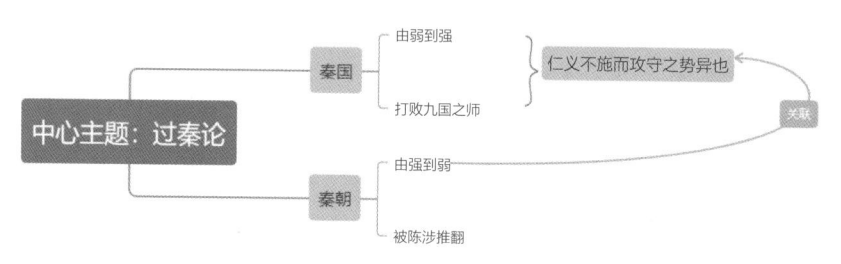

中心主题：过秦论

- 秦国
  - 由弱到强
  - 打败九国之师
- 秦朝
  - 由强到弱
  - 被陈涉推翻

关联：仁义不施而攻守之势异也

九、总结

学生在论证方法上存在的问题，在语文课本中就可以找到解决方法。《过秦论》《师说》就是两篇运用对比论证的典范。如果我们认真研读揣摩这些经典作品，在写作时借鉴其论证方法，那么就可以克服写作中出现的问题，在规定的时间内写出说理透彻的议论文将不是一件难事。

案例五

高中年级赏评系列习作第一课时
（"一读、二话、三练、四改、五评"）教学设计

【教学目标】

一、培养学生作文互赏互评的兴趣和能力。

二、让学生掌握赏评作文的基本方法。

【教学重点】

赏评同学作文的方法。

【教学难点】

赏评作文的角度选择及语言表达。

【教学过程】

一、导语设计

唐代文学家韩愈曾在《马说》一文中叹息"千里马常有，而伯乐不常有"，是痛惜缺少识别人才的伯乐，从而导致千里马一般的人才不能被发现，被埋没了。法国艺术家罗丹曾说："生活中不是缺少美，而是缺少发现美的眼睛。"同学们，如果你们创作了得意的美文，肯定希望有人来阅读，来欣赏，来评说。那么，今天这节课，我们一起来赏评同学们上星期所写的作文中的佳作。

二、指点迷津

如何上好作文评价课呢？从何处下手呢？光凭热情还不够，还要掌握一些方法。我这里集同学们的智慧，归纳出一些方法。为了便于记忆，我将它们简称为"四五六"，即四个准备、五个方法、六个角度。

教师展示多媒体课件。一边展示，一边解说。

▲四个准备

①一支红笔

红笔是我们在作文评改中最常用的工具。我们需要用红笔标记出作文中的优点和不足，以及需要改进的地方。同时，我们也要用红笔写下自己的评语和建议，以方便同学理解。

②基本的文体常识和文学常识

在评改作文之前，我们需要了解基本的文体常识和文学常识，例如记叙文的六要素、议论文的三要素等。这些知识能够让我们更好地理解和评价同学的作文。

③必要的审美知识和审美方法

作文不仅需要文从字顺，更需要具有一定的艺术性和审美性。因此，我们需要掌握一些必要的审美知识和审美方法，例如修辞手法的运用、语言表达的美感等。

④若干段名师的佳作赏评文字

在评改作文时，我们可以参考一些名师的作文赏评文字，这些文字能够为我们提供一些新的思路和启示。

▲五个方法

①词句点评法

这种方法适用于点评文章中的词句，即对文章的局部进行感性评价。那么，如何进行词句点评呢？首先，我们要准确找出文章中令人印象深刻的词句；其次，从表达技巧、语感、文化背景等方面对这些词句进行评价。例如，在评价某篇文章时，你可以这样写："文章中'繁星点点'的描绘非常传神，让读者感受到了夜晚的宁静和美丽，这种表达方式无疑增强了文章的感染力。"

②整篇总评法

这种方法适用于整体评价，即对文章的各个方面进行综合评价。那么，如何进行整篇总评呢？首先，我们要全面了解文章的主题、情节、人物等；其次，从这些方面进行评价。例如，在评价某篇小说时，你可以这样写："这篇小说情节紧凑，人物形象鲜明，通过描述主人公的成长历程，深刻地反映了人性的复杂和社会的现实。"

③对话交流法

这种方法适用于多人之间的交流，即通过对话的方式对文章进行评价。那么，如何进行对话交流呢？首先，我们要营造轻松愉悦的氛围，使大家能够畅所欲言；其次，尽量客观地表达自己的看法；最后，要尊重他人，包容不同意见。

例如，在评价某篇文章时，你可以与其他人进行交流："我觉得这篇文章很感人，它描述了一个普通人的人性光辉，你觉得呢？"

④成句引用法

这种方法适用于引用名言、诗句等来评价文章。那么，如何进行成句引用呢？首先，我们要恰当准确地引用名言、诗句等；其次，需要注意语调和节奏，使评价更生动；最后，可以结合自身经历和兴趣爱好，选择合适的引用方式。例如，在评价某篇散文时，你可以这样写："这篇散文中'岁月静好'的描绘让我联想到了《桃花源记》，它们都展现了一种理想的生活状态。"

⑤对照比较法

这种方法适用于对比评价，即通过比较的方法来评价文章。那么，如何进行对照比较呢？首先，寻找合适的对比对象；其次，突出评价的客观性和概括性；最后，可以用表格或图示等方式来加强展示效果。例如，在评价两篇作文时，你可以通过对比它们的主题、情节、人物等方面来进行评价："这两篇作文都描写了人性，但一篇侧重于写亲情，另一篇侧重于写友情，各有特色。"

▲六个角度

①审题立意角度

在文学理论中，我们讲究"意在笔先"，即在下笔前要先明确主题和立意。在评价作文时，首先要看作文是否扣题，是否符合题目的要求和指向；其次还要看作文是否有新意，是否能够在相同的主题中找到独特的视角和见解。

②选材构思角度

一篇好的作文要懂得如何选取典型的、具有代表性的材料来表达主题。在评价作文时，我们要注意作者是否选用了恰当的、具有说服力的材料，是否能够将读者带入情境中，让读者产生共鸣。

③层次结构角度

一篇好的作文应该有清晰的层次结构和逻辑关系。在评价作文时，我们要看作文的结构是否严谨，层次是否分明。例如，是否有清晰的引言、展开、高潮和结尾等。

④手法技巧角度

手法技巧是文学创作中不可或缺的一部分。在评价作文时，我们要看作者是否运用了恰当的手法和技巧来表达主题和情感。例如，是否运用了比喻、拟人、象征等修辞手法，是否使用了叙事、描写、议论等表达方式等。

⑤遣词造句角度

在文学理论中，我们讲究"辞达而已矣"，即用词准确、语句通顺才能够表达出真实的情感和思想。在评价作文时，我们要看作者的用词是否准确、语句是否通顺、表达是否得体等。

⑥题目题记角度

题目和题记是作文的"眼"，能够吸引读者的注意力。在评价作文时，我们要看题目是否扣题、是否具有新意，题记是否能够引起读者的兴趣和思考等。

综上所述，"四五六"是评价作文时的不错方法。通过这种评价方法，我们可以更加全面地评价一篇作文的优劣。

三、美文共赏

1. 佳作亮相：课前由同学推荐出来的作文佳作若干篇，教师再从中挑选几篇有代表性的、有示范作用的，让作者本人走到前面讲台上朗读。比如，高一（9）班的作文佳篇有耿晴晴的《走笔抒写多情的秋》、汤锦楠的《秋月抒怀》、戴玉梅的《秋之意蕴》、周文静的《快乐的秋》、黄涛涛的《秋天不回来》等。

2. 文心畅谈：让那些被推荐出来的优秀作文的作者畅谈写作体验、写作感悟和写作得失，给其他同学以启发和鼓励。

3. 师生赏评：这个环节是在每一位同学朗读和谈心得之后，教师和同学分别点评、赏析被推荐出来的作文佳作。以学生赏评为主，教师适时予以适当的点拨和引导，教师要鼓励同学各抒己见，畅所欲言，还要运用上面所提示的方法和角度。

四、教师参与写作活动

教师本人也应该参与写作活动，和学生写同题作文，现身说法，更有针对性，更能拉近师生之间的距离，也更有利于教师给学生以示范作用。

教师：我也写了一篇以"秋"为话题的作文《秋怀》。我当堂读给大家听，欢迎大家对我的作文加以评点。要说真话，说实话。

五、布置作业

练习资料《名师一号》第55页6则材料，任选其一，发挥合理的联想和想象，进行适当的虚构，写一篇800字以上的记叙文。要求：1.故事情节完整，情节要有波澜；2.突出人物个性特征，多角度塑造人物；3.以"爱国"或者"节气"为中心立意。

案例六

高中年级赏评系列习作第一课时
（"一读、二话、三练、四改、五评"）课堂实录

一、导入授课

教师：同学们上周写的作文真的很不错，我今天想和大家一起来欣赏并评说。首先，我们看看这篇作文，题目是《我的梦想》。

学生A：老师，我写的那篇作文被选中了吗？

教师：是的，你的作文被选中了，而且我觉得它写得非常好。你把梦想写得很具体，而且你也有计划去实现它。但是，在表述上还可以再简洁一些。

学生A：谢谢老师的建议，我一定会改进的。

教师：好的，下一篇作文的题目是《我喜欢的一本书》。

学生B：老师，我写的那篇作文呢？

教师：你的作文也很不错，你对这本书的描述很生动，让人想要去读一读。但是，你可以再补充一些自己的感受和理解。

学生B：好的，我会注意的。

教师：好的，下一篇题目是《我的家乡》。

学生C：老师，我也写了一篇，能不能被选中呢？

教师：当然可以，你的作文非常好。你用词生动，描写细致，让人感受到了你对家乡的热爱和敬畏之情。

学生C：谢谢老师夸奖，我会继续努力的。

教师：好的，最后一篇的题目是《我的偶像》。

学生D：老师，我的作文呢？

教师：你的作文也很不错，你对偶像的描述很具体，让人感受到了你的热爱和尊敬。但是，在表述上还可以再流畅一些。

学生D：好的，我会再修改一下的。

教师：好的，同学们的作文都很优秀，但是在写作上还有一些可以改进的地方。希望大家能够继续努力，提高自己的写作水平。

二、指点迷津

教师：同学们，今天我们要学习如何评价作文，我会介绍"四五六"方法。首先，我们来看"四个准备"包括什么。

（多媒体展示"四个准备：①一支红笔；②基本的文体常识和文学常识；③必要的审美知识和审美方法；④若干段名师的佳作赏评文字"。）

学生A：老师，为什么要准备一支红笔呢？

教师：因为我们在评价作文时，要标注出需要修改的地方，红笔比较显眼。接下来，我们需要掌握基本的文体常识和文学常识，这样才能准确评价作文。我们也需有必要的审美知识和审美方法，这可以帮助我们更深入地理解作品，提高评价的准确性。最后，我们需要准备若干段名师的佳作赏评文字，这可以帮助我们学习优秀的评价方法和思路。

教师：接下来，介绍"五个方法"。

（多媒体展示"五个方法：①词句点评法；②整篇总评法；③对话交流法；④成句引用法；⑤对照比较法"。）

学生B：老师，请问应该怎样运用这五个方法呢？

教师：很好的问题。词句点评法可以帮助同学们找出文中不恰当的词句并进行修改。整篇总评法可以帮助同学们从整体上评价作品的质量和特点。对话交流法可以让同学们通过交流，共同探讨作品中的问题。成句引用法是通过引用作品中优秀的句子，帮助同学们更好地理解和借鉴。对照比较法可以将同一类型的作品进行对比，寻找差异和共性。

教师：最后来介绍"六个角度"。

（多媒体展示"六个角度：①审题立意角度；②选材构思角度；③层次结

构角度；④手法技巧角度；⑤遣词造句角度；⑥题目题记角度"。）

学生C：老师，请问应该注意哪些方面呢？

教师：非常好的问题。审题立意角度可以帮助我们评价作品是否符合题意，是否有明确的立意。选材构思角度可以帮助我们评价作品的选材是否合理，构思是否新颖。层次结构角度可以帮助我们评价作品的结构是否清晰，层次是否分明。手法技巧角度可以帮助我们评价作品的表现手法是否得当，技巧是否娴熟。遣词造句角度可以帮助我们评价作品的用词是否精准、生动，句式是否多样、流畅。题目题记角度可以帮助我们评价作品的题目是否恰当，题记是否有意义和价值。

学生D：老师，谢谢您的讲解，我觉得我学到了很多。

教师：不客气，希望大家能够掌握这些方法和角度，提高自己的作文赏析、评价能力。

三、美文共赏（略）

四、教师参与写作活动（略）

五、布置作业（略）

案例七

高中年级话题系列习作第二课时
（"四改、五评"）教学设计

【教学目标】

一、德育目标：要求学生必须重视"文以载道"。

二、知识与能力目标：在比较讨论中训练、提高学生写作思维。

三、迁移目标：写作时要注意量体裁衣，扬长避短。

【教学重点】

在比较讨论中训练、提高学生的写作思维。

【教学难点】

写作时，要注意量体裁衣、扬长避短。

【教学方法】

"五评"为主,"三练""四改"为辅。

采用由学生讨论评议的方法进行评议。先让学生讨论审题和立意问题,明确应该怎样写和写什么。学生各抒己见,畅所欲言,从争论中提高审题和立意能力,然后再评议具体作文,以提高作文技巧。在学生充分讨论的基础上,教师发表意见,进行归纳小结。

【学法指导】

比较感悟法

【教学过程】

一、导入课题,多媒体展示上次作文题目及要求

种子发芽需要等待,幼苗出土需要等待,花蕾绽放需要等待,果实成熟需要等待,孩子长大需要等待,冬去春来需要等待。等待是一种心境,也是一种生活态度。尽管诗人高喊"一万年太久,只争朝夕",但有些事还是急不得……

请以"等待"为话题写一篇作文。

要求:①立意自定;②除诗歌外,文体不限;③题目自拟;④不少于600字。(此作文题目系陕西渭南市高三统考作文题。)

二、选读中等作文《期待辉煌》("一读")

让学生参与听力训练、思维训练,注意筛选信息,思考作文的优劣得失。

三、引导学生积极讨论("二话")

利用中等作文引导学生积极思维,参与讨论,研究该作文的优劣得失。教师也不失时机地进行点拨,指出在写兴趣爱好时,必须积累一些折射兴趣的"专业术语",才能表现作文内容的厚度,并指出防止题材"撞车"的方法及思路。在争论中提升了学生立意层次,在切磋中提高了学生思辨能力。

注意:

1. 参与人数应多一些。

2. 参与口语与思维训练,鼓励他们畅所欲言,注意表述是否简洁得体,培养学生个性化的思维。

3. 要抓住作文的关键。

4. 教师要迅速根据学生发言作简短评述。

四、教师小结同学的发言，谈上述作文的优劣得失

1. 该作文是生活的反映。

2. "专业"术语体现熟知兴趣。

3. 强调避免题材"撞车"。

五、教师读优秀作文《等待一杯清茶》

六、让学生谈优秀作文优在何处，并让习作者自己谈谈看法（"三练、四改"）

七、教师简评（"五评"）

1. 情真意切，平淡之中见真情。

2. 结尾余韵绵绵。

八、教师读自己写的作文《品味等待》

教师应试图打破教师朗读范文后讲解写作方法的传统讲评模式。在汲取了湖南名师杨初春作文讲评的经验后，教师给予了针对性的改进，使之更具科学性和个性化，注重了素质教育中人文精神内涵。

九、学生谈本节课的领悟（"五评"）

注意：强调、培养学生的概括能力和表达能力。

十、教师总评

话题作文力求扬长避短。

案例八

高中年级素材运用系列习作第一课时
（"一读、二话、三练、四改、五评"）教学设计

【教学设计】

教材是学生最熟悉却又是最易遭忽视甚至是冷遇的书。

1. 为了让学生有个感性的认识，我在课前准备了一些高考优秀作文的片段，

让学生知道他们手中的课文是可以用作素材写进作文的。

2. 让学生回忆学过的课文，并说说其中印象深刻的作家、作品或文学人物。

3. 教学活动——学生挑战老师：学生给教师出若干话题，教师以一则选自课文的素材（如莫泊桑的《项链》）构思学生的话题。

4. 教师出一个话题——空间，让学生选用已学的课文素材构思作文，然后说说其构思。

5. 教师出15个左右的话题，让学生选一个自己喜欢的话题，运用课本素材，快速构思，写一个片段。

【教学过程】

1. 教师先问同学们一个问题："你们怕写作吗？"（"一读、二话"）

学生有的说"怕"，有的说"不怕"，也有的不以为意。

教师：怕写作文，究竟怕什么呢？

（学生答，教师随机总结出发言要点。）

教师：构思平淡、语言贫乏、素材平凡……如同学们所说的，确实有很多的因素，造成了同学们在写作时文思枯竭，言语乏味。因此，我常听到有同学感叹"作文难，难于上青天"。问题有很多，今天我们来解决其中至关重要的一个，就是"素材的挖掘、运用"（板书）。

有人说从小到大写了那么多作文，写到最后都无话可说，无材可用。可是实际情况是怎样的呢？想想看，我们从小学开始，到现在读了多少书，看了多少影视剧，听过多少故事，有过多少亲身经历，又产生过多少关于人生的感慨，写作的材料会少吗？我觉得恰恰是太多了，所谓"乱花渐欲迷人眼"啊。材料太多，看得你眼花缭乱，竟不知如何取舍，如何运用了。所以我们很多同学可谓是"捧着金碗去讨饭，躺在金山上哭穷"。

为了证明我并非言过其实，我们先来读一个高考满分作文片段。

（多媒体展示课题。）

2. 教师讲解并与学生交流互动

教师：素材很多，如弱水三千，我们只取一瓢饮之，取的是人人熟悉却熟视无睹的高中语文课本这一个素材库。大家来说说高中学过的课文中，哪些作家、作品令你印象特别深刻？

（学生答，教师随声附和，点头表示赞许或赞同。）

教师：我听同学们说起课本内容，都是如数家珍啊。原来课文素材，就是我们唾手可得的一瓢清泉。我把课文素材分为三个方面的内容：文学形象、名人名家、经典作品。这样做的目的是为同学们建立自己的素材库提供一个范例。如果平时同学们能有意识地把材料分门别类，对材料进行多角度的开发和思考，那么写作的时候就可以信手拈来。

3. 挑战擂主

教师：课本就是被我们踩在脚下的一座金矿。那么它的含金量究竟如何呢？下面我们一起来做一个"挑战擂主"的游戏。在这个游戏中我是"擂主"，你们是挑战者。怎么挑战呢？很简单，我选用一则材料（如莫泊桑的《项链》），大家给我出作文题目，看看我能否最大限度地将材料运用到话题作文中去。

4. 当堂练习，牛刀小试（"三练"）

（多媒体展示话题"空间"。学生发言，教师点评。）

5. 大显身手

教师：看来，我们的课本确实是一座宝藏，是一座含金量很高的金矿。课本中的话题如满天的繁星，仅同学们平时写过的作文话题，就相当多。还记得你们写过哪些话题吗？

（学生纷纷发言。）

教师：同学们的发言都很精彩。由此看来，我们的课本不仅是一瓢清泉、一座金山，更是一把利刃，是倚天剑、屠龙刀。握着它，同学们就增添了无穷威力。它在武艺高强的人手里，更是可以冲开话题作文的团团迷雾，种种束缚，游刃有余。我希望大家都能成为一个写作高手。我们的口号是（大家一起来）："把有限的素材运用到无限的话题中去！"

案例九

高中年级命题系列习作第一课时
（"三练"）教学训练

【作文范例】

《以奋斗之青春，召奋斗之年华》为题写议论文的开头、分论点、结尾，强化三练（练写开头，练写过程，练写结尾）。

开头：

"奋斗"是一个永恒的话题，它体现了人类的进步和成长。每一个时代都有自己的奋斗者，他们用自己的努力和汗水创造了历史，铸就了时代。而我们正处在一个充满机遇和挑战的时代，年轻人更应该抓住机遇，迎接挑战，以奋斗之青春，召奋斗之年华。

分论点：

1.奋斗是年轻人的必修课

（1）年轻人是国家和社会的未来；

（2）奋斗是年轻人成长和发展的必要条件；

2.奋斗需要有正确的态度和方法

（1）奋斗需要有目标和追求；

（2）奋斗需要有坚定的信念和毅力；

3.奋斗的价值和意义

（1）奋斗让人成长和进步；

（2）奋斗让人实现自我价值和社会价值。

结尾：

正如一位哲人所说："人生没有彩排，每一次都是现场直播。"我们的生命中没有重来一次的机会，所以我们必须珍惜每一分、每一秒，用奋斗之青春，召奋斗之年华。让我们永远保持奋斗的热情和信念，不断超越自己，创造更加灿烂的人生。

案例十

高中年级命题系列习作第一课时
（"三练"）课堂实录

一、导入新课

教师：同学们，今天我要讲的是文化自信。你们听说过这个词吗？

学生A：听过，我觉得是指我们对自己的文化有信心和自豪感。

学生B：我也同意，文化自信是我们对自己文化的认同和自信心。

教师：非常好，你们已经了解文化自信。那么，为什么我们需要文化自信呢？

学生C：因为文化自信是一个时代的需要，是国家和民族发展的必经之路。

学生D：而且在当今世界的多元化和全球化背景下，我们更需要文化自信，从而面对各种挑战和机遇。

教师：非常正确，你们已经很清楚地认识到文化自信的重要性。那么，我们应该如何拥有文化自信呢？

学生E：我觉得要了解自己的文化，学习祖国的历史和传统文化。

学生F：同时也要尊重和学习其他国家和民族的文化，提高我们自己的文化素养。

教师：非常好，你们说得很到位。那么，文化自信对于我们的发展和进步有什么作用呢？

学生G：我认为文化自信可以让我们更有自信心，更有底气地走向世界。

学生H：文化自信也可以让我们更好地传承和发展自己的文化，为国家和民族的发展做出更大的贡献。

教师：非常好，你们都说得很有道理。文化自信是一个时代的需要，是国家和民族发展的必经之路。在当今世界的多元化和全球化背景下，我们更需要文化自信，从而面对各种挑战和机遇。只有拥有了文化自信，我们才能走得更稳更远。

二、指导学生理解文化自信

教师：同学们，你们对文化自信这个概念是怎么理解的？

学生A：我觉得文化自信是一种自我认知和自我信仰，是对自己文化的认同和自信心。

学生B：我同意！文化自信是涵盖了各个方面的文化，包括语言、思想、艺术、文学、科技等。

教师：非常好，你们已经很清楚地认识到文化自信的内涵。那么，为什么我们要坚定文化自信呢？

学生C：因为文化自信可以从根本上提高我们的文化自觉和文化认同。

学生D：而且文化自信的重要性也在于我们需要不断地学习和研究自己的文化，加强文化交流和合作，弘扬中华优秀传统文化和当代先进文化。

教师：非常正确，你们已经很清楚地认识到文化自信的重要性。那么，我们应该怎么做才能拥有文化自信呢？

学生E：我认为要加强学习和研究祖国的历史文化，了解自己的历史、传统、习俗等。

学生F：还要加强文化交流和合作，学习和了解其他国家和民族的文化，增强我们自己的文化素养。

教师：非常好，你们说得很有道理。那么，文化自信对于我们的发展和进步有什么作用呢？

学生G：我认为文化自信可以提高我们的文化创新和创造能力，为国家和民族的发展做出更大的贡献。

学生H：还可以加强文化产业的发展和推广，促进经济的繁荣和发展。

教师：非常好，你们都说得很有道理。文化自信是一种自我认知和自我信仰，它涵盖了各个方面的文化，包括语言、思想、艺术、文学、科技等。我们要坚定文化自信，从根本上提高我们的文化自觉和文化认同。这需要我们不断地学习和研究祖国的文化，加强文化交流和合作，弘扬中华优秀传统文化和当代先进文化，提高文化创新和创造能力，以及加强文化产业的发展和推广。

三、交流总结

教师：同学们，你们觉得培养文化自信是一个什么样的进程呢？

学生A：我认为培养文化自信是一个长期而复杂的过程，需要我们持之以恒。

学生B：我同意，因为只有持之以恒，才能真正拥有文化自信。

教师：非常好，你们已经很清楚地认识到了培养文化自信重要性和艰巨性。那么，文化自信对于我们来说有什么意义呢？

学生C：我认为文化自信是国家和民族的需要，也是个人的需要。只有拥有了文化自信，我们才能更好地认识自己，更好地了解世界，更好地应对各种挑战和机遇。

学生D：而且文化自信也可以让我们更好地传承和弘扬中华文化，为中华文化的繁荣和发展贡献自己的力量。

教师：非常好，你们说得很有道理。那么，我们应该怎样坚定文化自信呢？

学生E：我认为我们要加强文化学习和研究，了解祖国的文化传统和历史。

学生F：同时，也要积极参与文化交流和合作，学习和借鉴其他国家和民族的先进文化，为我国的文化创新提供更多的灵感和思路。

教师：非常好，你们说得很有道理。培养文化自信是一个长期而复杂的过程，需要我们持之以恒。文化自信不仅是国家和民族的需要，更是个人的需要。只有拥有了文化自信，我们才能更好地认识自己，更好地了解世界，更好地应对各种挑战和机遇。让我们一起坚定文化自信，为中华文化的繁荣和发展贡献我们的力量。

第四章

头脑风暴

"一读"环节中的头脑风暴

在作文五步法的教学中,"一读"环节是非常重要的一个步骤。在进行头脑风暴之前,教师应先让学生对作文题目有一个整体的了解。在学生确定了作文范围和要求之后,教师可以让学生动手进行头脑风暴。

头脑风暴可以帮助学生快速产生大量的创意,让学生个别思维得到拓展和创新。在头脑风暴时,教师让学生先静思,将头脑思维从原来的框架中解放出来,让思路自由发散,先不要管什么好坏与可行性,凭空想象,胡思乱想。这时,学生各自记录下想法,进行独立的思考与动笔,避免混淆和影响。

教师可请学生将想到的各种思路和想法合并在一起,形成一个大思路。经过一定的时间收集和整理,学生会发现一些跟作文题目相关的核心思路,这些思路会成为学生作文的主线。

在头脑风暴之后,学生按照自己的想法选出最有趣、最有思考价值的想法,并初步整理、筛选和修改。可以针对作文的要求,判断哪些可以成为正文内容,哪些可以成为材料内容、插入语或者补充说明。同时,还要把握好思路的逻辑和结构,让作文的内容有层次可循,言之有据,让读者快速理解和认同。

通过头脑风暴,学生能陶醉于无限的想象之中,奇思妙想,自由表达。在整个作文过程中,学生都会处于一种充满创造力和激情的氛围中。这有利于学生发展思维能力,提高口头和书面表达能力,培养学生在写作中充满自信与魅力。

"二话"环节中的头脑风暴

一、"二话"听话环节中的头脑风暴

在"二话"的听话环节中，教师首先应该让学生认真听题，理解题意。随后，教师可以进行一些引导和提问，帮助学生进一步思考和理解题目。例如，对于"怎样过春节"这个题目，教师可以问学生："春节是一个什么样的节日？我们通常怎样去过这个节日？有没有其他的方式过春节？"通过这些引导和提问，学生可以更深入地理解题目，从而开展头脑风暴。

头脑风暴可以帮助学生快速地构思出各种想法和观点。在"二话"环节中，学生可以自由发挥，列出与题目相关的各种观点，并进行分类和整理。例如，"怎样过春节"这个题目，学生可以列出春节的来历、传统的习俗、过年的饮食、春晚、走亲访友等方面的内容。这样，学生就会有更多的材料和思路，为写作奠定坚实的基础。

在进行头脑风暴时，教师还应该注意一些问题。首先，要鼓励学生尽可能多地进行发散性思考，而不是追求正确答案。其次，要注意不要让头脑风暴时间过长，否则容易分散学生的注意力。最后，要引导学生进行分类和整理，把材料和观点进行归纳，为后续的写作奠定基础。

二、"二话"说话环节中的头脑风暴

在"二话"的说话环节中，教师会先给学生提供一个话题或者题目，然后鼓励他们尽可能地想到与这个话题相关的所有信息和想法。这个过程中，教师要求学生不顾思维的顺序、逻辑限制和道德束缚，尽可能地涌现出各种可能的观点和主题。

例如，如果我们的作文话题是"我的假期"，教师需要引导学生进行头脑风暴，让他们尽可能地列举出与假期相关的一切信息和想法。这个过程中，学生可能会想到很多不同的方面，比如假期的时间长度、假期的地点、假期的内容，以及他们在假期中做了哪些有趣的事情等。

通过这个过程，学生对作文题目有更全面的了解，并且还可以得到更多的创意和写作素材；同时，头脑风暴还可以帮助学生分析可能出现的想象力与实际情况不符的情况。

通过头脑风暴，学生可以在短时间内产生大量的想法，从而更好地理解作文题目，找到合适的观点和角度来展开作文。同时，这个过程也可以培养学生的思维创新能力，让他们能够养成从多个角度看待问题的好习惯。

"三练"环节中的头脑风暴

一、设定头脑风暴的主旨和目的

在"三练"环节中，通常是让学生构思作文的开头。教师可以出示一篇作文范文举例说明，然后指导学生思考开头的好处，如用精彩的句子引起读者的注意力，或通过一个小故事阐述文章的观点。这样，在学生将注意力集中于作文开端时，其头脑中便有了一个大致思路和方向，从而充分发挥出思维功能。

二、让学生个体思考并集思广益

教师可以给学生分配一些时间，让他们在自己的笔记本上写下关于作文开头的创新想法。而后，学生可互相展示、沟通和交流各自的观点。这样，每个学生不仅有个人的思考，还能听到、借鉴其他学生的想法。在集体思考的过程中，创新的想法互相碰撞，不断提高灵感的创造力。

三、挖掘和整合想法

通过头脑风暴，学生的思路已经非常活跃，但这些想法还比较零散。这时候,教师可以帮助学生发掘他们进行头脑风暴所提出的更好的想法,并对其整合。在这个过程中,改良、拼接、升华等方式都被充分发挥出来,尽可能地将这些创新想法转换为可行的作文开头。

头脑风暴在"三练"环节的练开头的过程中是非常重要的。它所带来的丰富创意和高效工作方式,可让学生在短时间内形成明确而充满新意的作文思路,提高学生的写作能力和打破常规的思维方式。同时,人类头脑功能的拓展也能够在这种集体思维中得到极大的发展和激活。

四、"三练"环节中的头脑风暴

头脑风暴所带来的丰富创意和高效工作方式,可让学生在短时间内形成明确而充满新意的写作思路,提高学生的写作能力和打破常规的思维方式。同时,人类头脑功能的拓展也能够在这种集体思维中得到极大的发展和激活。

1. 练开头环节中的头脑风暴

在练开头环节中,头脑风暴的作用类似于钻石上的切割,将作文主旨和主题展开,让学生脑海中涌现出丰富而奇特的想法,激发学生的创新思维,贯彻"开门见山"的原则。头脑风暴在练开头的过程中是非常重要的,因为它所带来的丰富创意和高效工作方式,可让学生在短时间内形成明确而充满新意的写作思路,提高学生的写作能力和打破常规的思维方式。

2. 练经过环节中的头脑风暴

在练经过环节中,头脑风暴能够帮助学生快速地找到作文的切入点,提高作文思路的连贯性和创新性,同时也能让学生在轻松愉悦的氛围中不断地磨炼自己的创造力。

教师可以向学生提出一个主题或问题,例如"如果你是校长,你会怎么办?"然后教师根据问题的不同方面,设置一些关键词,例如"学生素质提升""课程改革""师生关系"等。接着,教师要求学生在规定的时间内尽可能多地写出与主题、关键词相关的点子和想法。学生可以自由发挥,不拘泥于数量和质量。

在整个头脑风暴的过程中,教师充当着鼓励、指导和不断激发学生思维的角色。教师不断地提醒学生要时刻关注问题本身,注意与问题有关的各个方面,发挥自己的想象力和创造力,提高思维效率和生产力。

3. 练结尾环节中的头脑风暴

在学生练习结尾写作之前，教师可以先给予学生一个或多个主题，支持学生根据这些主题展开头脑风暴，扩展自己的想象力。

五、头脑风暴的步骤

1. 选择一个主题，例如"绿色发展"。

2. 在一定时间内，写下所有与此主题相关的词条，不拘泥于词汇的质量和数量。例如，绿色发展可关联的词条：环保、可持续发展、低碳经济、循环经济、零排放、智慧城市等。

3. 分享并讨论这些词条，鼓励学生彼此分享想法。这可以激发更多的灵感和创意，同时也可以帮助学生更深入地理解主题背后的含义。

4. 根据头脑风暴所得到的启示，组织作文结尾。例如，主题为绿色发展的作文结尾可以是：倡导绿色出行、推广可再生能源、关注城市环境改善等。

通过头脑风暴，学生可以在短时间内快速展开写作思路、激发灵感、拓展词汇量和提高组织能力，从而更准确、更完整地表达作文的主旨，并在作文结尾处写出精彩的段落。

六、"三练"环节中头脑风暴的作用

在头脑风暴的过程中，学生需要尝试写下一切脑海中的想法，不需要考虑它们是否被接受或是否合适。这样可以保证学生的创造力完全流畅地发挥出来。此外，头脑风暴还可以培养学生的批判性思维和识别不同解决方案的能力。

在作文五步法"三练"环节教学中，头脑风暴通常在下列情况下被使用。

1. 提供想法。当学生在写作过程中陷入了困境，无法产生新的想法时，头脑风暴可以被用来回忆，寻找我们已经知道了什么，以及我们能够从已有的知识中演绎出什么。

2. 填补空白。当学生忘记字词或事时，头脑风暴可以被用来填补知识的空白。例如，如果学生忘记了某个重要的事或日期，他们可以回忆旧的知识点，再结合新的信息来推理和找到答案。

3. 拓展思路。当学生的想法被限制住时，头脑风暴可以被用来拓展想法和思路，让学生从新角度看待问题，产生更多更好的想法。这是头脑风暴在写作

过程中最常用的方法。

当然，头脑风暴虽然不是解决所有问题的万能药，但在作文教学的写作中，头脑风暴可以令学生获得更好且更广的想象力发挥空间，更好地发挥创意潜力，进一步提高水平。

七、"三练"环节中如何实施头脑风暴

首先，让我们想一想我们周围的人或者是动物。我们可以选择自己的朋友、家人，或者是我们曾经见过的动物，来进行描述。

比如，我们可以写："我的一个朋友叫小明。他的脾气非常好，经常会主动帮助别人，而且从不计较回报。甚至在遇到困难时，他也总是保持乐观积极的心态。我非常羡慕他这样的性格。"

或者，我们也可以写："我家里有一只狗，叫小白。它的脾气非常暴躁，经常会对陌生人发出威胁性的吠叫声，并且不愿意和其他狗交朋友。但是，对我们家里的人，小白十分忠诚，时常挤在我们身边，守护我们的安全。"除了朋友和宠物之外，我们还可以写一些名人，例如："我非常喜欢李宇春这个歌手，她的性格非常独立，喜欢自由，总是勇于尝试各种新鲜的事物。她的音乐中也充满了自由和反叛的精神。"

最后，我们在写作的过程中，多加思考和感悟。通过对不同人或动物的脾气的描述，更好地了解自己的情绪，并学习如何更好地处理自己和他人之间的关系。

"四改"环节中的头脑风暴

一、自己改环节中的头脑风暴

自己改是对学生修改他们自己作文的权利的肯定，也是作文五步法"四改"

中的第一步。在这一步中，学生需要展开头脑风暴来解决作文中的基础问题。那么，如何进行自己改的头脑风暴呢？

学生需要明确自己改的意义。自己改是为了发现作文中的错误和问题，并对其进行修改和完善。通过自己改，可以提高作文的质量和水平，使作文更具有说服力和感染力。

在进行自己改的头脑风暴时，学生需要从以下几个方面入手。

1. 语言基础。学生需要检查作文中的语言基础问题，如拼写、语法、标点等。这些问题看似简单，但在写作过程中很容易被忽略，从而影响作文的整体质量。

2. 选词造句。学生需要关注作文中的选词造句问题，如是否准确表达了意思、是否使用了恰当的词汇和句式等。通过选词造句的优化，学生可以更好地表达作文的意思，提高作文的表达效果。

3. 结构逻辑。学生需要检查作文的结构逻辑问题，如是否清晰地阐述了观点、是否合理地组织了内容等。通过结构逻辑的优化，学生可以使作文更加紧凑、有条理。

4. 思想深度。学生需要关注作文的思想深度问题，如是否具有说服力、是否具有创意等。通过思想深度的挖掘，学生使作文更加有内涵、有感染力。

二、互相改环节中的头脑风暴

作为作文五步法中的关键一步，互相改对学生提升作文水平具有重要意义。在此过程中，学生将通过互相修改作文，发现并解决各自作文中存在的问题，进而提高语言表达和组织能力。下面，将以头脑风暴的方式，深入探讨如何有效实施互相改。

1. 挖掘问题。学生们需要挖掘出作文中可能存在的问题。这包括基础性问题，如语法错误、标点符号错误等，也包括更高级的问题，如逻辑不严密、缺乏细节、表达不够生动等。学生应具备敏锐的洞察力，发现并准确描述这些问题。

2. 建立小组。为了有效实施互相改，学生需要建立修改小组。小组的成员应有相似的作文水平，以确保互相修改的有效性。此外，小组成员应充分参与到修改过程中，以保持修改的公正性和客观性。

3. 互相修改。在小组环境下，学生可以互相修改作文。这一过程需要遵循一定的规则，如使用统一的修改符号，注明修改的原因和修改建议，以方便习作者理解和接受修改意见。通过互相修改，学生可以学习到不同的写作技巧和修改方法，有助于提高自己的作文水平。

4.反馈讨论。互相修改后，学生需要就修改意见进行反馈和讨论。这一过程中，学生应保持开放的心态，接受并采纳合理的修改建议。对于有争议的问题，学生可以展开讨论，以找到最佳的解决方案。通过反馈讨论，学生进一步挖掘问题，提升自己的写作能力。

5.总结经验。学生需要总结整个互相修改的过程，提炼出有用的经验和教训。通过总结，学生可以发现自己在写作和修改方面的不足之处，进而有针对地提升自己的写作水平。

三、当面改环节中的头脑风暴

当面改是教师在课堂巡回指导，当面对学生的写作进行修改，和学生讨论，进一步发现学生自己没有发现的问题。这是"四改"的第三步。当面改需要进行头脑风暴，以发现并解决问题。

头脑风暴是一种通过集体讨论和思维碰撞，发现并解决问题的方法。在作文修改中，运用头脑风暴的方法，让学生和教师共同探讨典型问题，提出新的想法和思路，进一步发现并解决学生自己没有发现的问题。

在当面改的过程中，教师要带领学生一起讨论，引导学生思考自己的作文中存在的问题（涉及"二话"和"五评"的环节。由此可见，作文五步法不是一种循规蹈矩的死方法，而是可以灵活运用）。例如，可以让学生自己朗读作文，让教师和其他同学倾听，发现其中存在的问题。同时，教师也可以提出一些启发性的问题，引导学生思考如何修改和完善自己的作文。

除了朗读和提问，还可以采用集体讨论的方式，让学生共同探讨作文中存在的问题。在讨论中，学生可以提出自己的看法和建议，让其他同学受到启发，发现并解决问题。这样不仅可以让学生更好地理解问题，还可以培养学生的创新思维和表达能力。

当面改的头脑风暴让学生更好地发现并解决问题，提高自己的写作水平。同时，通过集体讨论和思维碰撞，还让学生们更好地理解问题，培养学生的创新思维和表达能力。因此，在作文五步法的当面改中，运用头脑风暴的方法是十分必要的。

四、集体改环节中的头脑风暴

集体改是教师在课堂上展示一篇有共性问题的习作，让一些学生扮演一些角色，发挥集体智慧对作文"看病，治病"，集体对作文进行修改。教师和学生纵向横向交流讨论，让学生进一步发现他们自己没有发现的问题。集体改是"四改"的第四步，需要学生展开头脑风暴解决典型问题。

教师在课堂上展示一篇有共性问题的习作，介绍习作的主题、内容、结构和语言等方面的问题，让学生扮演不同的角色，采用头脑风暴，从不同角度思考问题，提出修改意见和建议。

学生根据教师的介绍和提示，在小组内进行头脑风暴讨论。作为作文的写作者的学生可以介绍自己的写作思路、表达方式和遇到的困难等；其他学生可以提出各自的看法和建议，如语言表达、结构调整、内容增删等方面的问题。同时，学生可以纵向横向交流，听取不同意见和看法，通过互相启发和思考，进一步发现习作中的问题，并寻找解决问题的方法。

学生在教师的指导下，总结和归纳头脑风暴讨论的结果，对习作进行修改和完善。在修改过程中，学生可以借鉴其他同学的意见和建议，也可以发挥自己的创造性和想象力，对习作进行深入加工和润色。

"五评"环节中的头脑风暴

一、词评环节中的头脑风暴

词评是教师和学生对习作中的用词优劣加以评价的方式，也是"五评"中最基础的评价，下面以头脑风暴的方式论述词评。

在作文五步法中，词评是其中重要的一步。它不仅是对学生习作中使用词语优劣的评价，更是对学生语言运用能力的基础训练。在进行词评时，采用以下五种评价方式。

1. 选词准确性评价。在习作中，学生需要选择合适的词语来表达自己的意思。在进行词评时，需要评价学生所选择的词语是否准确、贴切。如果词语使用得当，能够准确表达学生的意思，那么这篇作文的词评就是优秀的。

2. 词语多样性评价。在习作中，学生需要运用多种不同的词语来丰富自己的表达方式。在进行"词评"时，需要评价学生所使用的词语是否多样、丰富。如果学生能够运用多个不同词语来表达同一意思，或者在表达同一意思时使用了更高水平的词，那么这篇作文的词评也是优秀的。

3. 词语生动性评价。在习作中，学生需要运用生动、形象的词语来表达自己的情感和感受。在进行词评时，需要评价学生所使用的词语是否生动、形象。如果学生能够运用具有描绘性的词语，或者使用词语的比喻、拟人等修辞手法增强作文的生动性，那么这篇作文的词评也是优秀的。

4. 词语规范性评价。在习作中，学生需要使用规范的汉语词语表达。在进行词评时，需要评价学生所使用的词语是否规范。如果学生使用了不符合语法、发音规则或者错别字的词语，那么这篇作文的用词规范性方面就需要改进。

5. 词语合适性评价。在习作中，学生需要使用合适的词语表达自己的意思。在进行词评时，需要评价学生所使用的词语是否合适。如果学生使用了过于简单或者过于复杂的词语，或者在语境中使用不恰当的词语，那么这篇作文的用词准确性方面也是需要改进的。

二、句评环节中的头脑风暴

在作文评价中，句评是至关重要的一环。通过对句子的评价，可以评判用词的优劣、语法的正确性、句子是否通顺，以及表达是否清晰、有力等。以下是句评的几个方面。

1. 用词优劣。作文中词语的选择和使用直接影响到表达的效果。因此，在句评中，需要对词语进行评估。优秀的词语能够生动形象地描述事物，而劣质的词语则会使得句子显得平淡无奇，甚至产生歧义。因此，在句评中，学生需要关注词语的选择和使用，尽可能地选用优秀的词语，从而增强句子的表达效果。

2.语法正确性。语法是作文评价中的基本要素之一。在句评中，我们需要对句子结构、主谓一致、时态等方面进行评估，尤其是较长、较复杂的句子，需要被拆分成多个简单句进行评估。只有句子结构清晰、语法正确，才能够准确地表达作者的意思。

3.句子通顺。句子通顺是指句子流畅、自然，没有不自然的停顿或结构混乱。在句评中，学生需要关注句子的流畅性，尽可能地让句子结构简单明了，避免过多的冗长句子或复杂的句式结构。这样不仅能够让句子通顺，还能够增强句子的可读性和可理解性。

4.表达清晰、有力。在作文的评价中，表达清晰、有力是最为重要的目标之一。在句评中，学生需要评估句子表达是否清晰、有力，是否能够准确地传达作者的意思。对于表达不清或力度不足的句子，学生需要在句评中提出修改建议，让习作者有目标地改进句子表达方式。

三、段评环节中的头脑风暴

段评是教师和学生对某一习作的结构设置和段落划分是否精妙合理的评价方式，是"五评"中的关键评价。

作文的段落设置是作文结构的重要组成部分，它决定了整篇作文的节奏感和可读性。因此，在"五评"中，段评是评价一篇习作的关键要素之一。那么，如何对一篇习作的段落设置进行评价呢？

1.段落数量。段落数量要适中，过多或过少的段落都会影响读者的阅读体验。过多的段落会让读者感到作文被割裂成了许多小块，缺乏整体感；过少的段落则会让读者感到作文过长，难以抓住重点。

2.段落大小。段落大小要适中，过大的段落会让读者感到作文难以读下去；过小的段落则会让读者感到作文的容量小，不能表达作者想要表达的内容。

3.段落顺序。段落顺序要合理，要符合作文内容的逻辑和读者的阅读习惯。

4.段落过渡。段落过渡要自然，要通过适当的过渡语句将不同的段落串联起来，使作文整体感觉流畅。

四、篇评环节中的头脑风暴

篇评是教师和学生对某一篇习作整体优劣得失的评价方式，是"五评"中的核心评价。

下面是对"五评"中篇评的详细解读。

1. 审题评价。审题评价就是评定作文是否符合题目的要求。审题是作文评价的第一步，也是至关重要的一步。审题评价要求学生在写作过程中，仔细阅读题目，理解题目的要求和要点，确定作文的主题、内容和结构。

2. 主题评价。主题评价是评定作文的主题是否明确，是否符合题目的要求。主题是一篇作文的核心，是作文的灵魂。主题评价要求作文主题明确、深刻，有思想性，能够吸引读者的兴趣和思考。

3. 内容评价。内容评价是评定作文的内容是否充实、具体、生动，是否符合主题的要求。内容是作文的血肉，是表达主题的重要手段。内容评价要求作文内容充实、具体、生动，能够引起读者的共鸣和感动。

4. 结构评价。结构评价是评定作文的结构是否合理、严谨、清晰，是否符合主题和内容的要求。结构是作文的骨架，是支撑作文内容的重要因素。结构评价要求作文结构合理、严谨、清晰，能够使读者容易理解和接受。

5. 语言评价。语言评价是评定作文的语言是否规范、准确、精炼，是否符合作文的主题和内容要求。语言是作文的工具，是表达作文内容的重要手段。语言评价要求作文语言规范、准确、精炼，能够使读者容易理解和接受。

五、总评环节中的头脑风暴

总评是整体评价学生写作水平的重要环节。它是教师和全体学生对班中学生整体写作水平的总体评价，是"五评"中的全局性评价。

在作文五步法的教学中，总评采用头脑风暴的方式进行。这意味着在这个过程中，教师和学生将一起参与，共同探讨和评价他们的作文。

教师可以宣读每个学生的作品，让班上的全体学生听取作文内容。在听完所有作文后，教师可以组织学生开展讨论，对每篇作品逐一点评。

在讨论过程中，学生可以就作文的思路、语言、结构等方面发表各自的看法，同时也可以对作文中的不足之处提出建议。学生在发表观点时，可以结合自己的写作经验，相互学习，相互启发。

在学生开展讨论的同时，教师进行针对性的指导和点评。教师从专业的角度出发，对每篇作文进行细致的分析，并就如何改进和提高写作水平向学生提供指导。

最后，教师可以就整个评价过程进行总结，对每个学生的作文进行总体评价，并就如何进一步提高写作水平向学生提出建议。通过头脑风暴的方式开展总评，可以促进学生们之间的交流与互动，让每个学生都有机会听取他人的作品，从中获取启示和提高自己的写作水平。同时，教师也可以在这个过程中发现学生的不足之处，为他们提供有针对性的指导和建议。

头脑风暴实例

一、以人教版四年级语文下册的"写一种小动物"为例来介绍如何进行头脑风暴。

【场景设置】

在开展头脑风暴环节之前，教师可以通过播放小动物的照片或视频的形式，让学生更好地了解小动物的外貌、习性、脾气等方面的特点。

【头脑风暴】

在了解小动物的基本信息后，教师可以提出一些问题，通过提问的方式来引导学生进行头脑风暴。比如：

1. 小动物的外貌特征有哪些？

学生可以说出不同小动物的外貌特征，比如皮毛的颜色、体型大小、眼睛的形状等；还可以列举出一些小动物的例子，比如兔子有长耳朵、狗有四条腿等。

2.小动物有哪些习性？

学生可以讨论不同小动物的习性，比如猫喜欢抓东西、鸟会飞等；还可以谈论一些小动物的行为特点，比如老鼠喜欢咬东西、狮子是社交性动物等。

3.小动物的脾气如何？

学生可以讨论不同小动物的脾气，比如狗通常友善、猫有时候比较独立等；还可以分享一些自己对小动物脾气的观察和了解，比如兔子可能会害羞、蜜蜂可能攻击性较强等。

在这个环节中，不能把学生当作听众，而应该当参与者，让所有的学生都能发挥出自己的想象力，参与到头脑风暴中来。同时，在头脑风暴的过程中，教师在黑板上记录学生提出的各种想法和观点，以备后续参考。通过这样的头脑风暴讨论，学生可以激发对小动物的兴趣，增加对小动物的认知，并且培养他们观察和思考的能力。

【总结归纳】

头脑风暴的时间不宜过长，通常在10～15分钟左右。结束头脑风暴后，教师应该及时将学生的想法和观点组织起来，对学生的回答进行概括，让学生知道哪些看法是可行的、哪些看法是需要进一步思考的。教师的总结最好结合所教的课文内容进行，这样能更好地把课文知识与头脑风暴相结合，加深学生对知识的理解。

【小结】

通过头脑风暴的方式，不仅能激发学生的写作兴趣，还能培养学生的思维、创造力和表达能力，同时也是一种加强师生互动的好方法。因此，合理设置头脑风暴的过程，对于提高学生写作能力是非常有益的。

二、以人教版四年级语文下册《我的动物小朋友》为例，练写外貌、习性、脾气环节中的头脑风暴

在让学生练习写《我的动物小朋友》时，头脑风暴是一个非常有效的方法，可以激发学生的灵感和创造力，同时也有助于扩大他们的词汇量和语言表达能力。以下是如何开展头脑风暴的方法。

第一步：教师引导学生列出相关内容

在读过人教版四年级语文下册中的习作《我的动物小朋友》之后，教师可以带着学生一起列出与动物相关的词汇和短语，比如外貌、习性以及脾气等。这有助于学生回忆起故事中的动物，同时也可以为后续的头脑风暴奠定基础。

第二步：创造场景

教师让学生想象自己拥有一个动物小伙伴，与它一起玩耍和冒险。教师可以为学生提供一些场景，比如森林、海滩、公园等，让他们想象自己正在这样的地方和动物小伙伴一起玩耍。

第三步：启发想象力

教师让学生想象一些有趣的场景，并询问他们如何描述他们的小伙伴的外貌、习性和脾气。例如，教师可以问学生，如果你的小伙伴是一只鸟，它是什么颜色的？学生可以自由发挥，描述他们想象中的鸟的颜色。他们可以选择明亮鲜艳的颜色，比如红色、蓝色等，或者选择更接近自然色彩的颜色，比如棕色、绿色等。它会飞得多高？学生可以描述他们想象中的鸟的飞行能力。他们可以说它能够飞得很高，比如在天空中翱翔，或者说它只能飞得低矮，比如只在树林中飞行。它喜欢吃什么？学生可以思考他们想象中的鸟的饮食习惯。他们可以说它喜欢吃浆果、昆虫或者花蜜等。他们可以进一步描述它在寻找食物时的行为和技巧。

通过这样的启发想象力的头脑风暴，学生可以展开丰富的想象，并用语言描述自己的想法。这样的活动可以培养学生的创造力和表达能力。同时，学生也可以互相分享彼此的想象，增进交流和理解。

第四步：鼓励独立思考

教师可以让学生分成小组，分别讨论他们的小伙伴的外貌、习性和脾气，并互相分享各自的想法。这有助于学生独立思考，并促进同伴之间的交流和合作。

第五步：总结和评价

最后，教师可以让学生总结他们的想法，并对小组讨论进行评价。这有助于学生反思自己的表达能力和思维方式，同时也可以为他们提供改进的机会。

通过这些步骤，学生可以得到丰富的想法，并且更自信表达自己的观点。

这将有助于他们更好地完成《我的动物小朋友》这篇作文。

三、以部编六年级语文上册第四单元习作《笔尖流出的故事》为例，通过"二话"环节开展头脑风暴

围绕主要人物把故事写完整，说一说故事发生的环境，还可以写一写人物的心理活动。

《笔尖流出的故事》讲述了一个充满爱心的少年陆天在街头发现一只流浪狗朵朵。他不忍心看到朵朵受冷挨饿，于是用自己的身体为朵朵挡风遮雨，用自己的零食喂养朵朵。他和朵朵的相处，渐渐地让朵朵与他建立起了深厚的友谊。

通过看《笔尖流出的故事》，我们可以运用作文五步法中的"二话"环节来开展头脑风暴。首先，与学生分享这个故事，并询问他们喜欢这个故事的原因。接着，让学生结合这个故事，展开头脑风暴，围绕主要人物陆天和朵朵，想象他们之间可能发生的有趣、感人、温馨的故事情节。

在这个环节中，教师可以引导学生聚焦于环境和人物。例如，学生可以想象陆天和朵朵在一起的日子是怎么度过的，他们会一起在哪些环境中游荡，会发生哪些有趣的事情。同时，教师可以鼓励学生关注人物和动物的心理活动，例如陆天的爱心和善良是如何影响素来野蛮善变的朵朵。

教师从学生头脑风暴中选取一些优秀的故事情节，并邀请学生通过故事会的形式，分享他们所创作的故事。这样的练习可以使学生在说故事的同时，培养他们的口语表达能力。同时，这也可以培养学生的文学素养和想象力，是一种有趣而富有挑战性的教学形式。

在这个过程中，教师需要注意，让学生将自己的感受和思考转化为文字，让他们分享自己的故事，为他们提供更多的说话机会，形成更加自由、开放的交流氛围。只要积极引导，启发学生创作，每个学生都可以写出一篇优秀的作文。

以下是头脑风暴实例。

学生甲：

在冬日黄昏车来车往的街头，充满爱心的少年陆天偶然发现了一只被遗弃在街头的流浪狗朵朵。他被朵朵无助的眼神和颤抖的身躯所打动，便决定带回家给它喂食、洗澡，并为它准备一张暖和的床铺。从这一点上可以看出陆天心地善良，对待弱小生命充满爱心。

然而，朵朵身体虚弱，自闭而不进食。陆天觉得这很奇怪，开始思考如何解决流浪狗的问题。他开始了解关于流浪狗的知识，通过观察交流和技巧尝试，帮助朵朵打开心扉，给它温馨的家。从这方面可以看出，陆天是一个富有同情心的人，他愿意了解并关心别人的生活，愿意多花时间和精力帮助其他人照顾狗狗。

不久，在陆天的关爱下，朵朵逐渐开心起来。经过一系列的照料和鼓励，它终于成为陆天的小伙伴了。而陆天不仅仅让朵朵重获新生，也使他自己的人生更充实精彩。这成为一个打动人心的美丽故事。

学生乙：

在冬日黄昏车来车往的街头，一个十五六岁的少年陆天在溜达着。看着那些行色匆匆的行人，陆天不禁感慨人生如此匆忙，仿佛失去了许多东西。这时，一只流浪狗朵朵出现在了他的视野中。朵朵看起来很虚弱，步履蹒跚，身上的毛发也变得凌乱无比。望着这只流浪狗，陆天心中充满了怜爱，决定给它一些食物和水。

在陆天为朵朵买完食物和水之后，他突然有了一个想法：他打算把那些流浪狗的故事都写下来，让大家能够了解它们的遭遇和生存状态。于是，他拿起了笔和纸，开始了自己的创作之旅。

陆天沉浸在自己的写作世界中，用笔尖流出了一个个动人的故事。这些故事向人们展示了流浪狗面临的各种困难和不易被理解的境遇，让人们更多地了解它们的内心世界和饱受磨难的生活状态。

在接下来的日子里，陆天一直关注着朵朵和其他流浪狗的生活状态，坚持为它们发声和呼吁。慢慢地，越来越多的人开始关注这些流浪狗，开始了解它们的生存状态并给予它们更多的关爱和帮助。

陆天的行动和创作激发了无数人的爱心，改变了许多流浪狗的命运。他深刻地意识到，每一个人都应该关注弱势群体，传递爱和正能量。

学生丙：

在冬日的黄昏时分，街头车来车往，人们匆忙赶路。但在繁华的街上，有一个少年陆天。他心里充满爱心，保护着流浪狗朵朵。

陆天和朵朵是在一次偶然的相遇中结识的。那天晚上，陆天在外散步时发现了一只被遗弃的流浪狗朵朵。朵朵看上去瘦弱无助，失去了寻找主人的勇气，四处流浪。可是，陆天没有选择快速离开，相反，他决定照顾这只可怜的小狗。

陆天决定收留朵朵，定期为它洗澡、喂食，并且每周带它去兽医那里检查，直到朵朵完全恢复了健康。陆天和朵朵的感情也随之加深，他将朵朵看作自己的好朋友。

在这个寒冷的冬季，陆天每天晚上都带着朵朵在街头散步。有时候，他甚至会带着自己的笔记本，给朵朵讲故事，让它渐渐入睡。身处这样善良温馨的环境中，朵朵开始学会了寻找自己的勇气和信心。

陆天之所以这样善待朵朵，是因为他知道生命的宝贵。他的心里始终坚信，每一个生命都是独一无二的，值得所有的关注和关怀。

学生丁：

在冬日的黄昏，街头车辆来来往往，少年陆天独自走在路上。突然，他看到了流浪狗朵朵。它瘦弱的身躯，凄凉的眼神，深深触动了陆天的心。

陆天深知，这样的流浪狗往往受到人们的冷落和无情对待。他决心要用自己的力量，帮助朵朵。于是他跪在地上，用双手轻轻抚摸着朵朵的毛发，陪伴它，让它感受到人们的暖意。

陆天的落寞心情深深融入了朵朵的心灵之中，朵朵也渐渐接受了陆天的关怀。陆天专门带朵朵去看医生，给它做了一番治疗，还为它买了温暖的窝。最终，朵朵变得越来越健康，精神抖擞，充满了生命的活力。陆天因此感受到了自己内心的改变，爱、善良、责任感在他的内心获得了显现。

陆天用真诚的爱温暖了朵朵的心。在这个过程中，心与心之间进行了极好的交流和对话，用真挚的感情彼此照顾，共同成长。

第五章

作文写作中的思维导图

小学阶段记叙文的思维导图

【题目：我家的小狗】

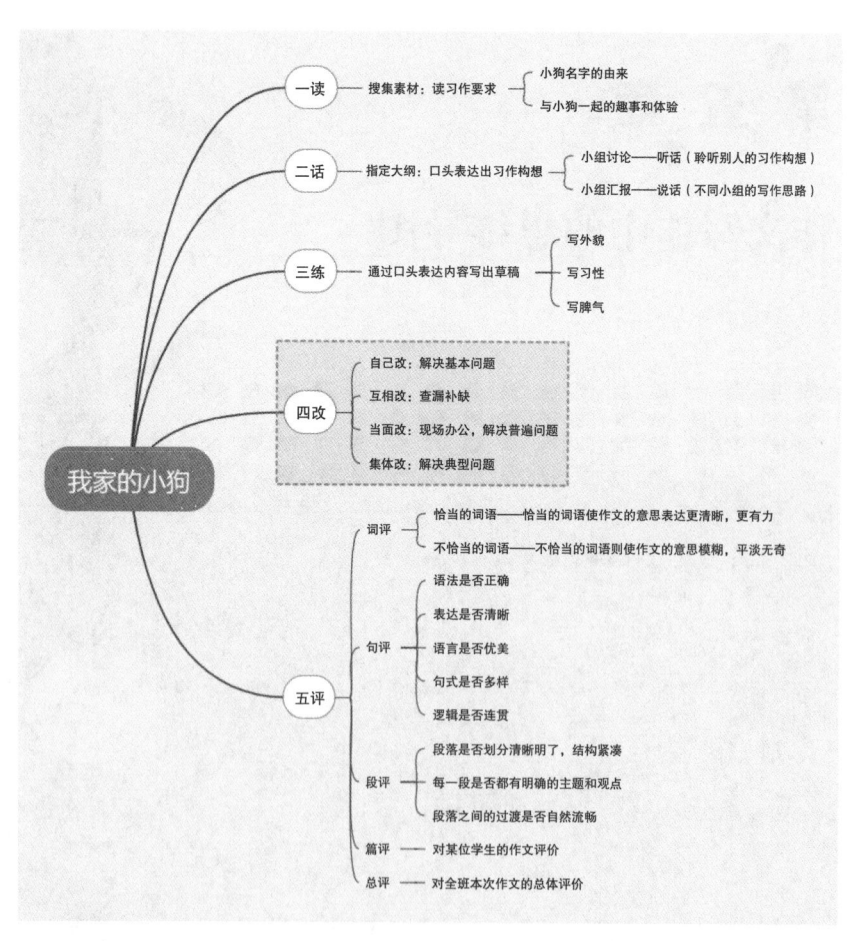

```
                    ┌─ 一读 ─ 搜集素材：读习作要求 ──┬─ 小狗名字的由来
                    │                              └─ 与小狗一起的趣事和体验
                    │
                    ├─ 二话 ─ 指定大纲：口头表达出习作构想 ──┬─ 小组讨论——听话（聆听别人的习作构想）
                    │                                      └─ 小组汇报——说话（不同小组的写作思路）
                    │
                    ├─ 三练 ─ 通过口头表达内容写出草稿 ──┬─ 写外貌
                    │                                  ├─ 写习性
                    │                                  └─ 写脾气
  我家的小狗 ──────┤
                    ├─ 四改 ──┬─ 自己改：解决基本问题
                    │         ├─ 互相改：查漏补缺
                    │         ├─ 当面改：现场办公，解决普遍问题
                    │         └─ 集体改：解决典型问题
                    │
                    └─ 五评 ──┬─ 词评 ──┬─ 恰当的词语——恰当的词语使作文的意思表达更清晰，更有力
                              │         └─ 不恰当的词语——不恰当的词语则使作文的意思模糊，平淡无奇
                              │
                              ├─ 句评 ──┬─ 语法是否正确
                              │         ├─ 表达是否清晰
                              │         ├─ 语言是否优美
                              │         ├─ 句式是否多样
                              │         └─ 逻辑是否连贯
                              │
                              ├─ 段评 ──┬─ 段落是否划分清晰明了，结构紧凑
                              │         ├─ 每一段是否都有明确的主题和观点
                              │         └─ 段落之间的过渡是否自然流畅
                              │
                              ├─ 篇评 ─── 对某位学生的作文评价
                              │
                              └─ 总评 ─── 对全班本次作文的总体评价
```

【搜集素材（"一读"）】

1. 小狗的品种、特点和习性。

2. 小狗名字的由来。

3. 与小狗一起的趣事和体验。

4. 照片和视频。

【制订写作大纲（"二话"）】

1. 引言：描写全家人看到小狗时的情景并介绍小狗的品种和名字。

2. 小狗的成长：描述小狗的样子、习性和日常生活。

3. 小狗的趣事：分享与小狗一起玩耍和互动的趣事。

4. 小狗的价值：探讨小狗对生活的积极作用和价值。

【写作草稿（"三练"）】

1. 引言：我家的小狗是一只金色萨摩耶，它叫"迪神"。我们给它取这个名字是因为它活泼聪明，像一个小神仙一样。

2. 小狗的成长：迪神刚来到家的时候非常淘气，喜欢随地大小便，但是经过我们不懈的训练，它渐渐学会了在固定的地点便便，并且变得听话了。现在迪神已经长成了一只健康充满活力的小狗。它喜欢吃骨头、追球、跳跃，有时也会忽然尖叫一声，好像在调皮捣蛋。

3. 小狗的趣事：我们一家人最喜欢与迪神一起玩耍。有一次，我和迪神一起在草地上玩飞盘。迪神看着我扔盘子，它总是高高跃起，将盘子抓住，然后骄傲地带着盘子向我跑来。还有一次，迪神跑到了池塘旁。看它一脸迷茫地望着池塘里的鱼儿，我就在旁边教它怎么抓鱼，迪神很快学会了。它抓住鱼儿时的得意和欢快让我们快乐不已。

4. 小狗的价值：迪神虽然是一只小狗，但是它给我们带来了很多快乐，陪伴我们度过了许多孤独和疲惫的时光。我们不仅爱它，更珍惜与它在一起的时光。对于小狗，我们要像对待家人一样去爱它、保护它。

【修改润色（"四改、五评"）】

在初步完成草稿后，经过反复的润色和修改，作文的语言更加精练、流畅，突出小狗的特点与体验，让读者更深入地了解小狗的可爱和价值，同时加强作文的结构和段落的联系。

小学六年级升学试卷作文思维导图

【阅读素材《购买上帝的男孩》】

一个男孩捏着一美元硬币，沿街一家一家商店地询问："请问您这儿有上帝卖吗？"店主说没有，嫌他在捣乱。

天快黑时，第29家商店店主热情地接待了男孩。老板是个60多岁的慈眉善目的老头。他笑眯眯地问男孩："告诉我，孩子，你买上帝干吗？"男孩流着泪告诉老头，他叫邦迪，父母很早就去世了，是被叔叔帕特鲁普抚养大的。叔叔是个建筑工人，前不久从脚手架上摔了下来，至今不省人事。医生说："只有上帝才能救他。"邦迪想，上帝一定是个奇妙的东西，我把上帝买回来，让叔叔吃了，伤就会好。

老头眼圈湿润了，问："你有多少钱？""1美元。""孩子，眼下上帝的价格正好是一美元。"老头接过硬币，拿了瓶"上帝之吻"牌饮料递给孩子，说："拿去吧，孩子，你叔叔喝了这瓶'上帝'，就没事了。"邦迪喜出望外，将饮料抱在怀里，兴冲冲地回到医院。

几天之后，一个由世界顶尖医学专家组成的医疗小组来到了医院，对帕特鲁普进行会诊。他们采用世界最先进的医疗技术，终于治好了帕特鲁普的伤。

帕特鲁普伤好出院了，当他看到医疗费账单那个天文数字时，差点儿吓晕过去。院方告诉他，有个老头帮他把钱全付了。那老头是个亿万富翁，从一家跨国公司董事长的位置退下来后，隐居在本市，开了家杂货铺。那个医疗小组就是他重金请来的。

帕特鲁普激动不已，他立即和邦迪去感谢老头，可老头已经出国旅游去了。

后来，帕特鲁普接到一封老头写来的信。信是6月20日写的，署名是"一个平凡的老人"。信中说："……我很开心，近况很好……你能有邦迪这个侄儿，实在是太幸运了……真正的上帝，是人们的爱心……"

写作要求：

读了《购买上帝的男孩》这篇短文，你的心灵一定受到了极大的震撼。是啊，爱能挽救生命，爱能创造奇迹！感动之余，你一定会猜想短文最后老头那一封来信的具体内容。下面，就请你根据文中的提示并联系前文内容，把这封信写具体。要求格式正确，语句通顺，叙述清楚，有真情实感，不少于400字。

《购买上帝的男孩》的思维导图

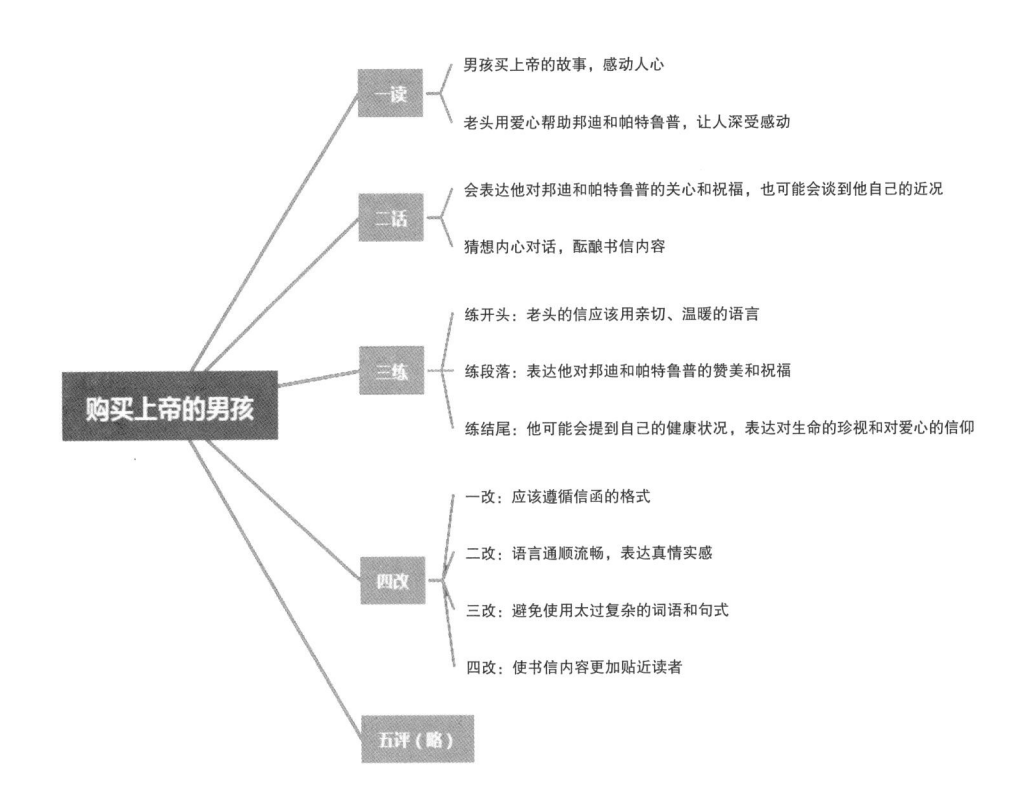

购买上帝的男孩

- 一读
  - 男孩买上帝的故事，感动人心
  - 老头用爱心帮助邦迪和帕特鲁普，让人深受感动
- 二话
  - 会表达他对邦迪和帕特鲁普的关心和祝福，也可能会谈到他自己的近况
  - 猜想内心对话，酝酿书信内容
- 三练
  - 练开头：老头的信应该用亲切、温暖的语言
  - 练段落：表达他对邦迪和帕特鲁普的赞美和祝福
  - 练结尾：他可能会提到自己的健康状况，表达对生命的珍视和对爱心的信仰
- 四改
  - 一改：应该遵循信函的格式
  - 二改：语言通顺流畅，表达真情实感
  - 三改：避免使用太过复杂的词语和句式
  - 四改：使书信内容更加贴近读者
- 五评（略）

书信实例

亲爱的帕特鲁普：

你好！我是那个曾经帮助你的亿万富翁。我很开心，近况很好。在国外旅游时，我经常想起邦迪和你们的事情。你能有邦迪这个侄儿，实在是太幸运了！

他是一个勇敢、善良、聪明的孩子。我为他感到骄傲。

我想告诉你，真正的上帝，是人们的爱心。当我看到那个男孩捏着一美元硬币，沿街一家一家商店地询问"请问您这儿有上帝卖吗？"的时候，我内心十分感动。

在这个世界上，爱心是最重要的东西。正如你们所做的，用爱心去挽救生命，去创造奇迹。我曾经见过很多生命垂危的病人，但是我从未见过像邦迪这样有爱心的人。他的行为证明了爱心的力量，能够让人们克服一切困难，克服生命中的挑战。

我知道，你的伤是一个巨大的负担，但是也正是邦迪的爱心和勇气，使得这一切变得不再那么沉重。邦迪的行动证明了爱心的力量，它能够战胜一切困难，战胜生命的挑战。

在此，我想表达我对你们两个人的感激之情。是你们的爱心和勇气，使得我能够帮助你支付了昂贵的医疗费用。我感到非常幸运，能够有你们这样的朋友。

祝好，

一个平凡的老人

6月20日

案例一

2023年西宁市小学六年级学业质量监测试卷作文

谢谢你，经典名著，是你让我明理自省；谢谢你，挫折，是你让我学会坚强；谢谢你，最美逆行者，是你舍身护我们周全；谢谢你……

请将题目"谢谢你_____"补充完整，写一篇作文。要求：在具体事例中真实自然地表达情感，语句通顺，文中不出现真实的人名，字数不少于400字。

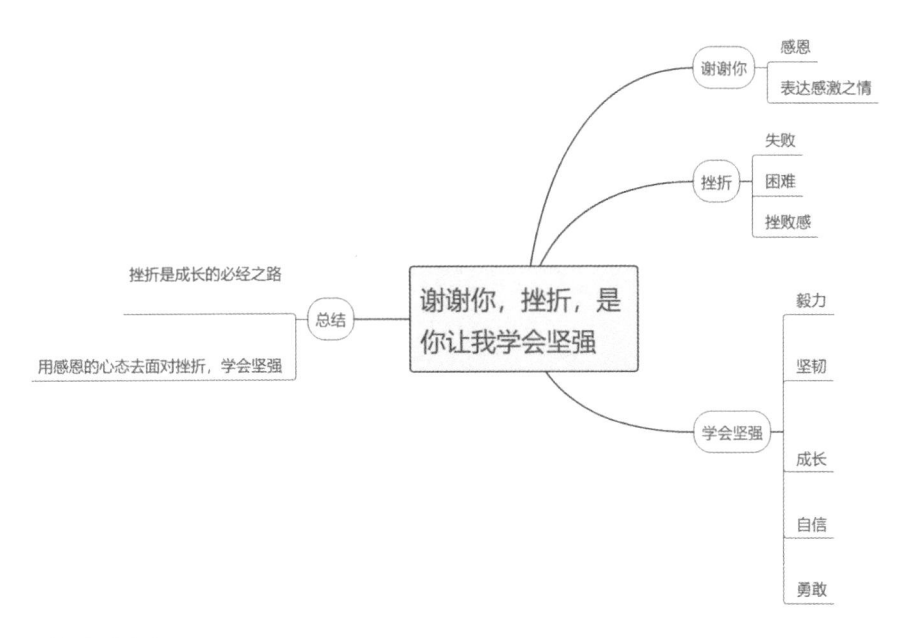

《谢谢你，挫折，是你让我学会坚强》的思维导图

```
                                          ┌─ 感恩
                                   谢谢你 ─┤
                                          └─ 表达感激之情

                                          ┌─ 失败
                                   挫折  ─┤─ 困难
                                          └─ 挫败感
    挫折是成长的必经之路
                   ─ 总结 ─  谢谢你，挫折，是          ┌─ 毅力
                            你让我学会坚强            │
    用感恩的心态去面对挫折，学会坚强                    │─ 坚韧
                                                    │
                                   学会坚强 ────────┤─ 成长
                                                    │
                                                    │─ 自信
                                                    │
                                                    └─ 勇敢
```

作文实例

谢谢你，挫折，是你让我学会坚强

在六年级的时候，我参加了一场英语演讲比赛。我认为自己准备得非常充分，但是在比赛中，我却忘词了。那一刻，我感到非常的尴尬和难过，甚至想过放弃。但是，正是这个挫折让我学会了坚强。

我回到家后，妈妈看出了我的情绪低落，她安慰我说："孩子，不要放弃，失败是成功之母，只有经历了失败，你才能更加坚强。"妈妈的话让我想明白了许多，我决定再次参加比赛。这一次，我更加努力地准备，每天背诵，练习发音。最终，在第二次比赛中，我成功地完成了演讲，取得了优秀的成绩。

这个经历让我深刻地认识到，挫折并不可怕，它是成长的必经之路。只有经历了挫折，我们才能更加坚强，更加勇敢地面对困难。"失败是成功之母"这句话告诉我们：只有经历了一次次的失败，我们才能不断地积累经验，取得更大的成功。

谢谢你，挫折，是你让我学会了坚强。在以后的学习和生活中，我会更加努力地去面对挑战，不断地提高自己，不断地向前走。最后，我想说，成功并不是一蹴而就的，只有经历了磨难和困苦，我们才能迈向成功的巅峰。

中考语文试卷作文解析思维导图

案例一

2022年北京市中考作文满分《凝聚》的思维导图

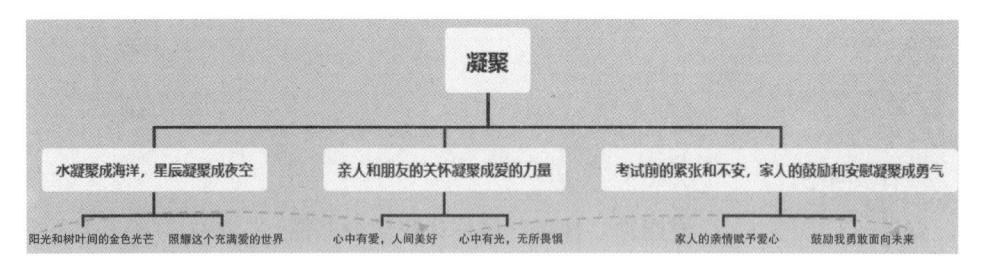

凝聚
- 水凝聚成海洋，星辰凝聚成夜空 — 阳光和树叶间的金色光芒 / 照耀这个充满爱的世界
- 亲人和朋友的关怀凝聚成爱的力量 — 心中有爱，人间美好 / 心中有光，无所畏惧
- 考试前的紧张和不安，家人的鼓励和安慰凝聚成勇气 — 家人的亲情赋予爱心 / 鼓励我勇敢面向未来

作文实例

无数滴小水珠凝聚起来，欢呼着东流入海；亿万座星辰凝聚起来，撑起夜幕中一片璀璨的星穹。而我的亲人和朋友们则用他们的关怀，为我凝聚了爱的力量。

清晨的一抹阳光仓促地投向墙壁上鲜红的 6 月 24 日，而我睁着蒙眬的睡眼往笔袋里塞着考试用具。心脏卡在嗓子眼里，窗外焦躁的蝉鸣声合着杂乱的心跳，成了这幅"兵荒马乱"之画面的配乐。人生中遇到的第一个关隘，我渴望能够顺利通过。

妈妈把昨夜就准备好的早餐推到我面前。"不吃了。"我茫然地摇摇头，大脑一片空白。"吃吧，一定要保证在考场上大脑供血正常。"妈妈微笑着看着我说，又加了一句，"而且，这里面还有我放的幸运剂呢。吃了就能考好。"声音轻巧。我没再拒绝。温热的牛奶顺着咽喉缓缓流下，延伸到心底融化开一片淡淡的温暖。

奶奶不知什么时候也出来了,站在餐桌旁边看着我吃东西,收拾用具,半天没有说话。自始至终奶奶才说了一句:"别忘带东西,好好考。"她的声音里略带着一些沙哑,我记得昨夜很晚我出来的时候奶奶的房里仍然亮着灯……一丝不知名的感动慢慢涌出来。我从奶奶的声音里听到了莫大的鼓励和信心。我点点头,感到自己冰冷的手掌里又多了一分气力。"我爸呢?"我收拾好书包,问。"你爸到停车场开车去了,他过会儿要直接把车停到楼下。"奶奶回答。

餐厅里是一片沉寂,阳光照到餐桌上,妈妈和奶奶都默默地站在我背后看着我。彼此无言,只有凝聚起来的力量和鼓励慢慢酝酿在空气里,渐渐消除了内心里寒冰一样的紧张和不安。站在门口的我向身后望去,她们安静地对我微笑,带着几分鼓励,几分沉着。"用我送你吗?"妈妈轻声问。"不用了,有我爸呢。"我笑着说。然后餐厅里持续着坚定和沉默,我知道她们正在用这种安静而有力的方式为我凝聚起一片爱的力量,以及走向考场的信心。

爸爸已经将车停在了楼下。手指触到门把手的刹那,我听到背后传来妈妈温暖的声音:"你没问题的,好好考,等着听你的好消息。"那一刻,感动和一种神圣的使命感涌上了心头,我不禁转过头,对妈妈和奶奶绽开了一个笑容,走出门,同时将餐厅中那凝聚着爱的画面烙在心底,阳光温柔而灿烂。

大海的深沉是因为水滴的凝聚;夜空的璀璨是因为有了星辰的凝聚。而这份凝聚的亲情,则给予我无尽的信心,鼓励着我,感动着我,伴随我勇敢地迈过未来之路,走过那些人生的坎坷。

我走下车,满怀信心地向考场的方向走去,微笑着抬起头。树叶间筛下的金色阳光,照耀着这个充满了爱的世界。而我则将那份凝聚的亲情,悄悄藏在心底。

案例二

人生最困难的事情是认识自己。——特莱斯

反省是一面镜子,它能将我们的错误清清楚楚地照出来,使我们有改正的机会。——海涅

吾日三省吾身：为人谋而不忠乎？与朋友交而不信乎？传不习乎？——曾子

反省是对自身所作所为进行的思考和总结。反省不理智之举、不和谐之音、不完美之事，往往会有深刻而丰厚的收获。请以"反省"为话题，写一篇作文。

2022年青海西宁中考语文作文《反省》的思维导图

```
1.为人谋而不忠乎                           1.自我固执
2.与朋友交而不信乎  ── 吾日三省吾身        最困难的事情 ── 2.自以为是
3.传不习乎                                 3.自我为中心

1.自身所作所为
2.不理智之举      ── 反省的对象                    1.清楚地看到错误
3.不和谐之音              反省——认识自己  反省的作用 ── 2.有改正的机会
4.不完美之举                                       3.从他人身上找自我不足

1.深刻而丰厚                                      1.帮助自我成长
2.改进自己       ── 反省的收获     反省的重要性 ── 2.提高自我认知
3.避免重复错误                                    3.促进自我完善
```

作文实例

反省

在我们的成长过程中，反省是一面镜子，它能够真实地映照出我们的内心和行为。每当我静下心来，回想起那些让我感到后悔的瞬间，心中总会涌起一股温暖的力量，让我勇敢地面对自己的不足。

记得在初二的时候，我参加了一次学校的演讲比赛。为了这次比赛，我付出了不少努力，反复练习自己的演讲稿。然而，比赛当天我却因为紧张而忘记了许多内容，最终只得以一个不理想的成绩结束了比赛。走出会场，我感到无比沮丧，心中充满了自责。我对自己说："如果当时多一点自信，就不会有这样的结果。"这种情绪伴随我很久，让我无法释怀。

在一次与父母的谈话中，他们告诉我，失败并不可怕，重要的是从中反省并汲取教训。我开始重新审视这次经历。我意识到，自己在准备过程中虽然努力，但却忽视了心理建设的重要性。为了克服紧张，我决定参加更多的公开演讲活动，逐渐培养自己的自信心。经过几个月的锻炼，我的演讲能力有了显著提升，心态也变得越来越平和。

反省让我明白，生活中的每一次失败都是一次宝贵的学习机会。它让我学会了如何面对自己的缺陷，如何将挫折转化为成长的动力。在接下来的日子里，我渐渐养成了定期反省的习惯。无论是学习上，还是生活中，我都会在每天的最后，花几分钟时间回顾自己当天的表现，思考哪些地方可以做得更好。

反省的过程并不总是轻松的，有时它会让我直面自己的懦弱与不完美，但正是这种直面，让我变得更加成熟与坚强。每一次的反省，都是一次心灵的洗礼，让我在前行的道路上，走得更加稳健。

如今，我已不再害怕失败，而是将其视为生活的导师。反省让我明白，成长的路上，有时需要停下脚步，看看脚下的路，回望走过的每一步。通过反省，我学会了如何更好地面对明天的挑战，也更加珍惜每一次成长的机会。

在未来的日子里，我会继续保持这份反省的习惯，让它成为我人生旅途中的一部分，伴随我走向更广阔的天空。因为我知道，反省不仅是对过去的审视，更是对未来的期待。

案例三

2022青海西宁中考语文作文《有你，我很幸福》的思维导图

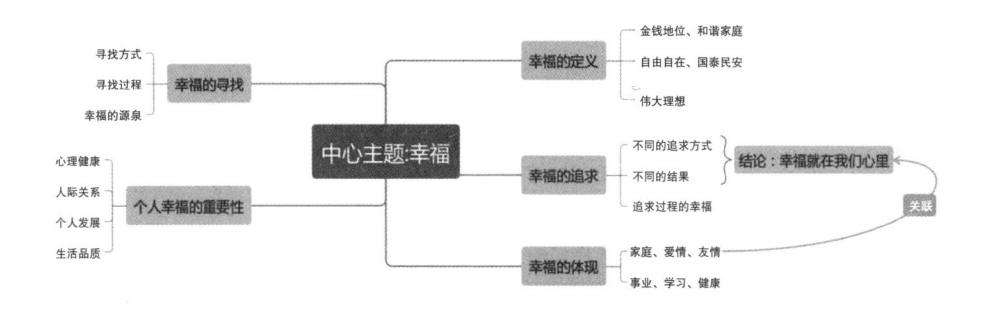

作文实例

有你，我很幸福

常常有人发出这样的疑问：幸福在哪里？它看不见摸不着，可它确实是真正存在的。它就在我们身边。

——题记

每个人对幸福都有各自的理解。有些人的幸福是拥有无尽的财富；有些人的幸福是获得至高无上的地位；有些人的幸福是国泰民安，天下大同；有些人的幸福是家人健康、家庭美满。古往今来，无数人执着地追求着各自心中的幸福，为了这些不同的幸福付出了同样的努力。

嫦娥怀抱着对幸福的憧憬，吞下长生不老药，飞上九重天，成为月中仙子。独守着凄凉的广寒宫，她是否感受到了做神仙的幸福？渴望进入上流社会的玛蒂尔德，戴上朋友的项链参加舞会，在短暂的光鲜和沉重的代价下，她是否感到了幸福？嗜财如命的老葛朗台，拥有堆积如山的金币是他最大的快乐。当他垂垂老矣，他的身边没有女儿的陪伴，只有他念念不忘的金子看着他死去，他是否感到了幸福？如果这样也算是幸福的话，这种幸福是多么的可悲。

杜甫有诗云："安得广厦千万间，大庇天下寒士俱欢颜。"这是杜甫的幸福。"倚南窗以寄傲，审容膝之易安"是陶渊明闲适的自得。"安能摧眉折腰事权贵，使我不得开心颜"，自由自在的幸福是李白人生的写照。司马迁用"人固有一死，或重于泰山，或轻于鸿毛"诠释了他对幸福的理解。范仲淹登上岳阳楼，面对滚滚江水发出"先天下之忧而忧，后天下之乐而乐"的感叹，并以此为他的幸福。这种幸福是多么的伟大。

对于我们来说，幸福也许很小：就是有一个完整的家，爸爸妈妈虽然会吵架，但依然很恩爱；我们不用为了生计操心，可以坐在亮堂堂的教室里安心地读书。日子虽然很平淡，但这就是我们朴实的小幸福。

每个人对幸福的理解不同，但对幸福的追求是相同的，只要是光明正大地去追求，不论最后的结果是什么，过程都是幸福的。

多年以后，人们还是不断地寻找着幸福的所在。我淡然一笑，其实幸福就在我们心里。

全国高考语文试卷作文思维导图

案例一

阅读下面的材料，根据要求写作。

"人们因技术发展得以更好地掌控时间，但也有人因此成了时间的仆人。"这句话引发了你怎样的联想与思考？请写一篇文章。

要求：选准角度，确定立意，明确文体，自拟标题；不要套作，不得抄袭；不得泄露个人信息；不少于800字。

2023年全国语文甲卷作文《技术发展和时间管理》的思维导图

作文实例

技术发展和时间管理

时间是人类生命中不可逆转的资源,也是人类社会发展和进步的标志。随着科技的发展,人们对时间的掌控能力越来越强,但同时也面临着成为时间的仆人的危险。这一话题,引发了我们对时间和技术发展的深思和反思。

技术发展带来了更好的时间掌控能力。人类历史上的技术进步,让人们的生活方式和工作方式发生了巨大的变化。从最原始的用火和制造工具,到现代的电子设备和互联网,人们可以更加高效地利用时间。比如,随着移动互联网的普及,人们可以通过手机或电脑随时随地了解最新资讯、交流信息和完成工作任务。这大大提高了人们的工作效率和生活质量。

然而,技术发展也让人们成为时间的仆人。在快节奏的现代社会,人们经常会被各种信息和娱乐活动所占据,难以掌控自己的时间。比如,社交媒体、网络游戏、短视频等,这些新兴的娱乐方式让人们沉迷其中,浪费了大量的时间和精力。此外,工作压力和生活压力也在增加,人们经常需要加班或熬夜,让自己的时间更加紧张和有限。

对于个人和社会来说,技术发展带来的时间利用问题,也需要引起我们的重视。个人需要学会合理安排时间,充分利用自己的时间,实现自我价值和生活目标。而对于社会来说,也需要通过政策和法规等手段,引导人们更好地利用时间,促进社会的和谐发展。

在未来,技术发展将会进一步提高人们对时间的掌控能力,同时人们也会面临新的挑战。比如,人工智能、大数据等的发展,将会对人类社会产生深远的影响。因此,我们需要不断地学习和适应新的技术发展,以更好地利用时间,创造更美好的人类生活。

时间是一种有限的资源,我们需要学会如何更好地利用它。技术发展为我们提供了更好的时间掌控能力,但同时也需要我们警惕成为时间的仆人。让我们共同探索如何更好地利用时间,实现自身价值和社会进步。

案例二

阅读下面的材料，根据要求写作。

吹灭别人的灯，并不会让自己更加光明；阻挡别人的路，也不会让自己行得更远。

"一花独放不是春，百花齐放春满园。"如果世界上只有一种花朵，就算这种花朵再美，那也是单调的。

以上两则材料出自习近平总书记的讲话，以生动形象的语言说出了普遍的道理。请据此写一篇文章，体现你的认识与思考。

要求：选准角度，确定立意，明确文体，自拟标题；不要套作，不得抄袭；不得泄露个人信息；不少于800字。

2023年全国语文乙卷作文《多元共荣，百花齐放》的思维导图

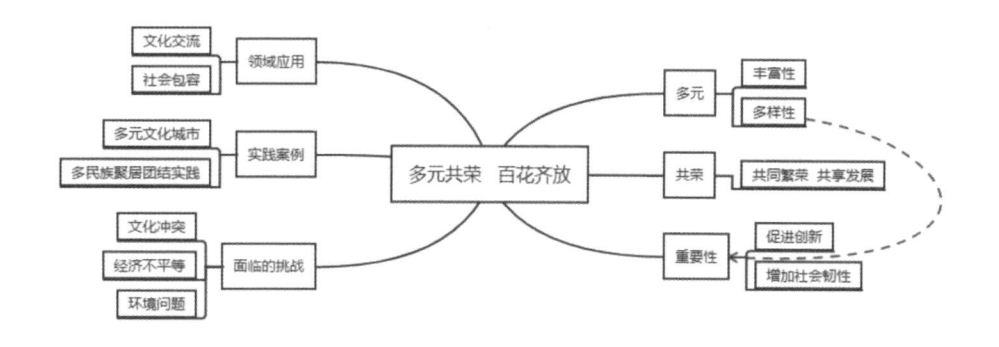

作文实例

多元共荣，百花齐放

人生路上，每个人都有自己的梦想和追求。有些人会因为自己的成功而骄傲，而有些人则会因为别人的成功而嫉妒。然而，吹灭别人的灯并不能让自己更加光明，阻挡别人的路也不能让自己行得更远。相反，我们应该学会欣赏他人的成功，鼓励并支持他们，这样才能让自己更加光彩照人。

"一花独放不是春，百花齐放春满园。"这句话告诉我们，世界上每个人都有自己的价值和贡献，只有多元共荣，百花齐放，才能让整个社会更加繁荣兴旺。每个人都应该有机会展示自己的才华和能力，这样才能实现人人平等、共同发展的目标。

在当今社会，人们往往太过于追求自己的利益和成就，忽略了别人的存在和需要。很多人会因为别人的成功而感到嫉妒和不满，甚至采取阻挠和打压的手段。然而，这种心态只会让自己陷入狭隘和孤独的境地，无法真正实现自我价值。

相反，我们应该学会欣赏他人的成功和成就。当我们看到别人取得了好成绩、获得了荣誉或者完成了自己的梦想时，应该为他们感到高兴和自豪。我们可以通过鼓励、支持和合作的方式，让他们更加优秀、更加出色。这样不仅可以让别人更加光彩照人，也能够让自己受益匪浅。

此外，我们也应该学会尊重和包容不同的个体和文化。世界上每个人都有自己的价值观和生活方式，只有尊重他人的选择和权利，才能够实现文化多样性和社会和谐。我们应该学会从别人的角度去看待问题，帮助他们解决困难和问题，让整个社会更加和谐美好。

多元共荣，百花齐放，是实现社会繁荣和个人价值的重要前提。我们应该学会欣赏他人的成功、尊重他人的差异，用合作和支持的方式，让自己和别人都能够实现更加光彩照人的生命价值。

案例三

阅读下面的材料，根据要求写作。

好的故事，可以帮我们更好地表达和沟通，可以触动心灵、启迪智慧；好的故事，可以改变一个人的命运，可以展现一个民族的形象……故事是有力量的。

以上材料引发了你怎样的联想和思考？请写一篇文章。

要求：选准角度，确定立意，明确文体，自拟标题；不要套作，不得抄袭；不得泄露个人信息；不少于800字。

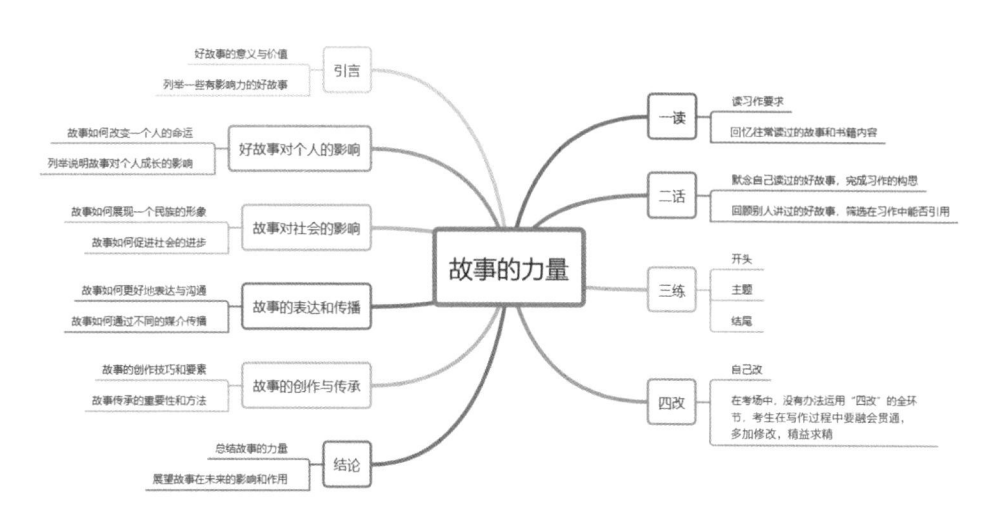

2023 年高考新课标 I 卷作文《故事的力量》的思维导图

作文实例

故事的力量

故事是人类文化传承的重要方式之一，它不仅可以让我们更好地表达和沟通，还能够触动人的心灵、启迪人的智慧，甚至改变一个人的命运，展现一个民族的形象。故事的力量是如此强大，让我们不得不对它产生敬畏之情。

故事是人类智慧的结晶，它可以对人类的情感和思维施加深刻的影响。好的故事能够触动人心，让人产生共鸣和共情，引发人们对生命、人性和人类社会的思考。它们能够帮助我们更好地表达和沟通，让我们在交流中更加流畅和自信。

故事也是人类文化传承的重要途径。通过故事，人们可以将知识、经验和价值观念传递给后人，让他们了解人类的历史、文化和思想。故事中的人物、事件和情节，是人类文化的重要组成部分，它们代表着人类的智慧和创造力。

故事还具有改变一个人命运的力量。很多人的人生轨迹，都是受到故事的启发和影响。有些人因为读了一本好书，改变了自己的命运，有些人因为听了一个好故事，找到了自己的方向。好的故事能够激发人们的潜能，让他们更加勇敢和自信地面对生活的挑战。

故事也是展现一个民族形象的重要方式。每个民族都有自己的传统故事和神话传说，它们代表着民族文化的独特性和传承的历史。通过故事，我们可以了解一个民族的价值观念、生活方式和审美观点，让我们更加全面地认识和理解不同的文化。

故事是人类文化传承、表达和沟通的重要方式，它具有强大的力量和影响。我们应该学会欣赏和借鉴好的故事，让它们成为我们生活中的一部分，帮助我们更好地理解自己和他人，更好地面对生活的挑战。

案例四

阅读下面的材料，根据要求写作。

本试卷语言文字运用Ⅱ提到的"安静一下不被打扰"的想法，在当代青少年中也不鲜见。青少年在学习、生活中，有时希望有一个自己的空间，放松，沉淀，成长。

请结合以上材料写一篇文章。

要求：选准角度，确定立意，明确文体，自拟标题；不要套作，不得抄袭；不得泄露个人信息；不少于800字。

2023年高考新课标Ⅱ卷作文《"安静一下不被打扰"想法》的思维导图

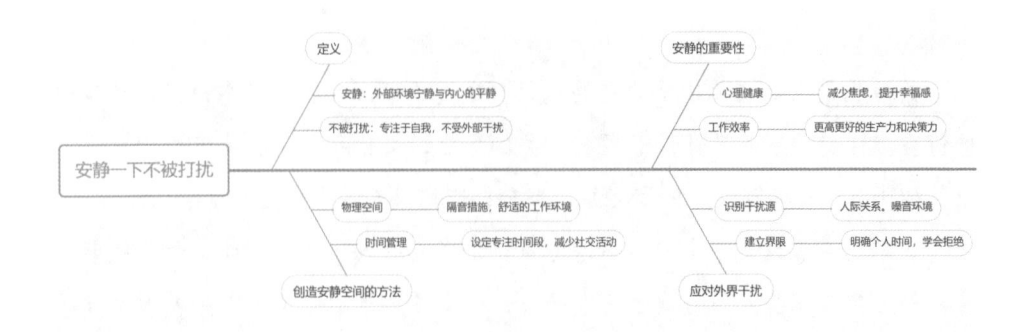

安静一下不被打扰
- 定义
  - 安静：外部环境宁静与内心的平静
  - 不被打扰：专注于自我，不受外部干扰
- 安静的重要性
  - 心理健康——减少焦虑，提升幸福感
  - 工作效率——更高更好的生产力和决策力
- 创造安静空间的方法
  - 物理空间——隔音措施，舒适的工作环境
  - 时间管理——设定专注时间段，减少社交活动
- 应对外界干扰
  - 识别干扰源——人际关系，噪音环境
  - 建立界限——明确个人时间，学会拒绝

作文实例

青少年的"安静一下不被打扰"想法

青少年是社会中最具活力和创造力的群体之一，他们在学习、生活中有着自己的需求和想法，其中"安静一下不被打扰"的想法在当代青少年中也不鲜见。

青少年在学习和生活中面临着各种各样的压力和挑战，需要有一个自己的空间来放松和沉淀。在这个空间里，他们可以独自思考、自我调节、成长和发展。这个空间不仅可以给青少年带来精神上的安慰和满足，还可以帮助他们更好地适应社会和生活的变化。

青少年的"安静一下不被打扰"想法，也是他们对于自身价值的一种认识和追求。他们希望在这个空间里，不受外界干扰和影响，独立思考和决策，展现自己的个性和特点。这种追求源于他们对自身独立性和自主性的渴望，也是他们成长和发展所必需的。

青少年的"安静一下不被打扰"想法，还可以促进他们的创造力和创新能力。在这个空间里，他们可以自由地想象和创造，发挥自己的想象力和创造力，创造出新的思想和文化。这种创造力和创新能力，不仅对青少年自身的成长和发展有着重要的作用，也对整个社会的进步和发展产生着积极的影响。

然而，青少年的"安静一下不被打扰"想法也需要合理和适度。在社会生活中，青少年需要与他人相处和交流，需要参与各种社交活动。这些活动不仅可以帮助他们了解和认识社会，还可以扩展他们的人际关系和社交圈子。因此，青少年需要在"安静一下不被打扰"的想法和社会交往之间找到一个平衡点，让自己在社会生活中得到全面的发展和成长。

青少年的"安静一下不被打扰"想法是他们对自身成长和发展的一种追求和需求。这种追求不仅可以帮助他们建立自信和自主意识，还可以促进他们的创造力和创新能力。然而，这种想法也需要合理和适度，让青少年在社会生活中得到全面的发展和成长。

案例五

阅读下面的材料，根据要求写作。

从下面两个题目中任选一题，按要求作答。不少于700字。将题目写在答题卡上。不透露所在区、学校及个人信息。

"续航"一词，原指连续航行，今天在使用中被赋予了新的含义，如为青春续航、科技为经济发展续航等。

请以"续航"为题目，写一篇议论文。

要求：论点明确，论据充实，论证合理；语言流畅，书写清晰。

2023 年北京高考语文作文《续航》的思维导图

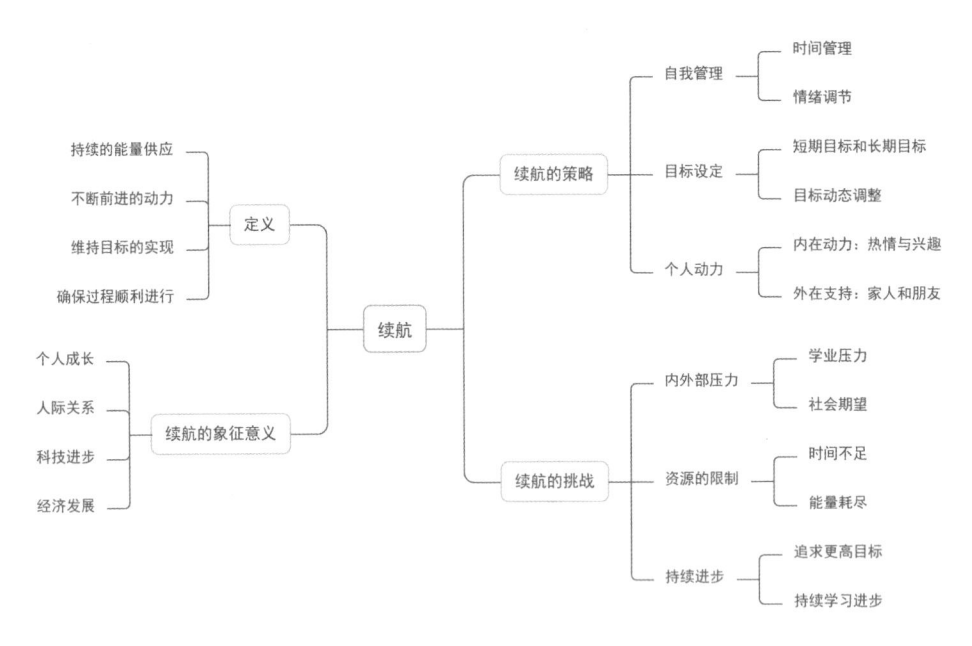

```
                                              ┌─ 自我管理 ─┬─ 时间管理
                                              │          └─ 情绪调节
                              ┌─ 续航的策略 ───┼─ 目标设定 ─┬─ 短期目标和长期目标
                              │               │          └─ 目标动态调整
            ┌─ 持续的能量供应  │               └─ 个人动力 ─┬─ 内在动力：热情与兴趣
            ├─ 不断前进的动力  │                          └─ 外在支持：家人和朋友
   ┌─ 定义 ─┤
   │        ├─ 维持目标的实现
   │        └─ 确保过程顺利进行
续航 ┤
   │                         ┌─ 内外部压力 ─┬─ 学业压力
   │        ┌─ 个人成长       │            └─ 社会期望
   │        ├─ 人际关系       ├─ 资源的限制 ─┬─ 时间不足
   └─ 续航的象征意义 ─────────┤            └─ 能量耗尽
            ├─ 科技进步       │
            └─ 经济发展       └─ 持续进步 ──┬─ 追求更高目标
                                          └─ 持续学习进步
```

作文实例

续航

续航一词，最初是指船只或飞机等交通工具的连续航行能力。如今，这个词已经被引申为更广泛的意义。人们用它来形容许多事物，例如青春续航、科技为经济发展续航等。事实上，续航是一个非常重要的概念，它与我们的生活密切相关。

续航对于个人来说非常重要。在这个快节奏的社会中，每个人都需要有足够的续航能力。这意味着我们需要有足够的耐力和毅力，去面对生活中的各种挑战和困难。只有这样，我们才能在人生的道路上走得更远，更高，更稳定。

续航对于社会和国家来说也非常重要。现代社会的发展离不开科技的支持，而科技的发展也需要有足够的续航能力。只有不断地进行创新和研究，才能够推动科技的进步，为经济发展提供更强有力的支持。

续航还对环境保护和可持续发展有着重要的意义。我们需要保护自然资源，保持生态平衡，才能够实现可持续发展。这需要我们有足够的耐心和毅力，去推动环保事业的发展，让我们的地球变得更加美好。

续航是一个非常重要的概念，它与我们的生活密切相关。无论是个人，还是社会和国家，都需要有足够的续航能力，才能够走得更远，更高，更稳定。让我们一起努力，为我们的未来续航。

案例六

舞台上，戏曲演员有登场亮相的瞬间。生活中也有许多亮相时刻：国旗下的讲话，研学成果的汇报，新产品的发布……每一次亮相，都受到众人关注；每一次亮相，也会有一段故事。

请以"亮相"为题目，写一篇记叙文。

要求：思想健康，内容充实、合理，有细节描写；语言流畅，书写清晰。

2023年北京高考语文作文《亮相》的思维导图

```
                        亮相
          ┌──────────────┼──────────────┐
       定义和引申        重要性           形式
          │              │               │
   公众面前展示或初次露面  个人发展：机会与自我展示   社交活动中的表现
   自我表达与自信展示     增强自信心与自我展示     学习和生活中的自我展示
   个人或事物的价值显现   建立人际关系，扩展社交圈子  演出、展览、作品发布等
```

作文实例

亮相

那是我人生中的第一次亮相。那时候，我还是一名小学生，每天的生活都是枯燥乏味的。但是，在那个特别的日子里，我的心情变得异常激动。

那是一个晴朗的春天，学校举行文艺汇演。我和我的小伙伴们参加了舞蹈队。我们在排练室里辛苦地练习了好几个月，终于等到了这一刻。

当我们走上舞台的时候，观众席上响起了热烈的掌声。我感觉自己的心跳都要停止了。但是，当音乐响起，我们开始跳舞的时候，我感觉自己仿佛变成了一只蝴蝶，飞舞在空中。我们的动作整齐划一，像一支无形的军队，走进了每个观众的心里。

我记得我的舞蹈服装是一件粉色的连衣裙，上面点缀着许多小花朵。我还记得，当我转圈的时候，裙子在空气中飘动的样子。我还记得，当我们结束的时候，观众席上的掌声如雷鸣般响起。

那一刻，我感觉自己已经成为全世界最棒的舞蹈演员。即使我只是一个小学生，但是我也有了自己的亮相时刻，这让我在人生的道路上更加自信和坚定。

现在，我已经长大了，也经历了许多其他的亮相时刻。但是，我永远不会忘记那个春天、那个舞台、那件粉色的连衣裙。那一刻，我找到了自己的梦想，也找到了自己的方向。

案例七

阅读下面的材料，根据要求写作。

一个人乐意去探索陌生世界，仅仅是因为好奇心吗？请写一篇文章，谈谈你对这个问题的认识和思考。

要求：（1）自拟题目；（2）不少于800字。

2023 年上海高考语文作文《探索陌生世界是我们的使命》的思维导图

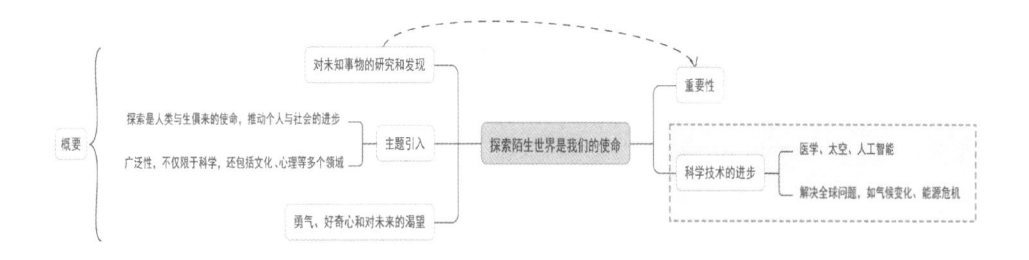

概要
- 对未知事物的研究和发现
- 探索是人类与生俱来的使命，推动个人与社会的进步
- 广泛性，不仅限于科学，还包括文化、心理等多个领域
- 勇气、好奇心和对未来的渴望

主题引入：探索陌生世界是我们的使命
- 重要性
- 科学技术的进步
  - 医学、太空、人工智能
  - 解决全球问题，如气候变化、能源危机

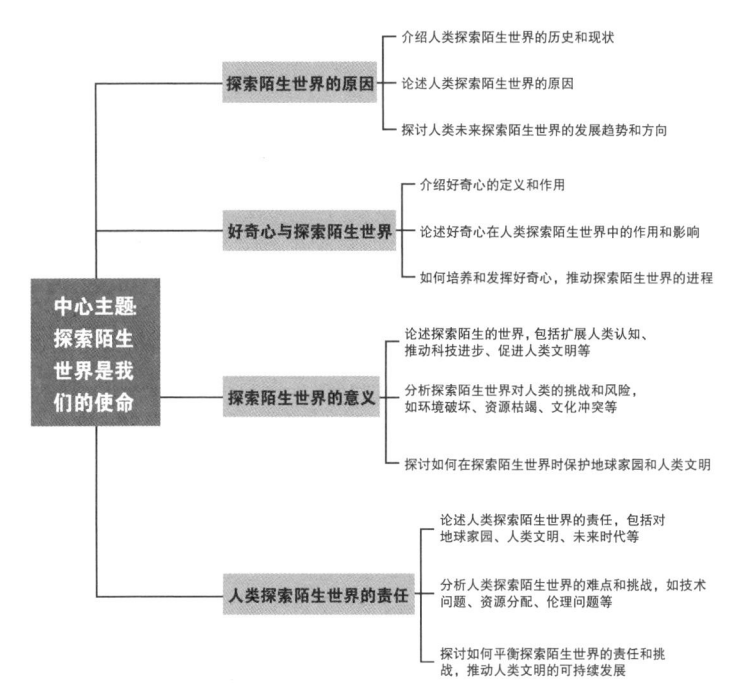

中心主题：探索陌生世界是我们的使命

- **探索陌生世界的原因**
  - 介绍人类探索陌生世界的历史和现状
  - 论述人类探索陌生世界的原因
  - 探讨人类未来探索陌生世界的发展趋势和方向

- **好奇心与探索陌生世界**
  - 介绍好奇心的定义和作用
  - 论述好奇心在人类探索陌生世界中的作用和影响
  - 如何培养和发挥好奇心，推动探索陌生世界的进程

- **探索陌生世界的意义**
  - 论述探索陌生的世界，包括扩展人类认知、推动科技进步、促进人类文明等
  - 分析探索陌生世界对人类的挑战和风险，如环境破坏、资源枯竭、文化冲突等
  - 探讨如何在探索陌生世界时保护地球家园和人类文明

- **人类探索陌生世界的责任**
  - 论述人类探索陌生世界的责任，包括对地球家园、人类文明、未来时代等
  - 分析人类探索陌生世界的难点和挑战，如技术问题、资源分配、伦理问题等
  - 探讨如何平衡探索陌生世界的责任和挑战，推动人类文明的可持续发展

案例八

阅读下面的材料，根据要求写作。（60 分）

"与有肝胆人共事，从无字句处读书。"

一代人有一代人的使命与挑战，一代人有一代人的责任和担当。一个世纪前，在津求学的青年周恩来撰写了这副对联，在交友处事与读书求知方面警勉自己。品读此联，你有怎样的联想和思考？请任选角度，结合自己的体验与感悟，写一篇文章。

要求：①自拟标题；②文体不限（诗歌除外），文体特征明显；③不少于800

字；④不得抄袭，不得套作。

2023年高考语文（天津卷）作文《肝胆相照，乃交友之义》的思维导图

作文实例

肝胆相照，乃交友之义

"与有肝胆人共事"，这句话不仅寓意深邃，更蕴含着发人深省的哲理，重点是突出了交友应秉持真诚以及相互信任的原则。

所谓肝胆相照，便是在交往中坦诚相待，毫无保留，彼此深信不疑，甘愿为了共同的理想和目标齐心奋进，并肩前行。马克思与恩格斯的伟大友谊便是如此，他们相互支持，坦诚交流，为了共同的共产主义事业不懈努力，成就了一段传世佳话。如此这般的挚友，能够在风雨如晦之时同仇敌忾，于艰难困厄之境守望相助，无疑是人生征程中弥足珍贵的无价之宝。

交友的重要意义不言而喻。于生活的这个社会，朋友是我们心灵的栖息之所，是我们在直面艰难险阻时的坚强后盾。高山流水，俞伯牙与钟子期的知音之交，让我们看到了真正的朋友能给予心灵的慰藉。与肝胆相照的朋友携手拼搏，能够极大地增强我们的信念，使我们在追逐梦想的道路上不再孑然一身。

诚如古人所言，良友恰似熠熠明灯，为我们照亮前行的方向。刘备、关羽、张飞桃园结义，誓同生死，在乱世中相互扶持，成就一番霸业，这般情谊不仅能够带来心灵的愉悦，更能在遭遇挫折之际赋予我们勇往直前的力量。无论是在学业的求索之途、事业的攀登之旅，还是生活的琐碎日常里，拥有肝胆相照的朋友，都能助力我们更为坚毅地迈向成功的彼岸。

然而在现代社会，交友却面临着诸多棘手的难题与严峻的挑战。虚假信息

的肆意蔓延致使人与人之间的信任基石变得脆弱不堪。社交媒体的广泛普及，虽在一定程度上缩短了人与人之间的空间距离，却也使人在虚拟的世界中迷失了方向，极易被表面的现象所迷惑。部分人为了一己私利而与人交往，此类受利益驱使的关系往往缺乏真诚，从而导致友谊的褪色、人际关系的冷漠疏离。现代快节奏的生活使得人们之间的交流日渐减少，形成了人际交往的隔阂。就像许多职场人士，为了工作忙碌不停，忽视了与朋友的联系和沟通。

直面这些挑战，年轻人迫切需要树立起正确的交友观念，致力于构建真诚、信任和尊重并存的人际关系。身为新时代的青年，我们要有勇气展现真实的自我，将自身的优点与不足坦然展露，让他人了解最本真的自己。就像"管鲍之交"中的鲍叔牙，对管仲的缺点包容理解，成就了两人深厚的情谊。唯有如此，才能吸引志同道合之人，缔结真挚纯粹的友谊。

交友既是一门高深的艺术，也是一种非凡的智慧。在这纷繁复杂、变幻无常的社会中，与肝胆相照之人共事、交友，不仅是对自身人生的高度负责，更是对他人情感的诚挚尊重。我们需要的是志同道合、胸怀壮志的朋友，在交友时应注重质量而非数量，精心挑选那些能够相互扶持、共同进步，立志为中华之崛起而读书的朋友。让我们以青春纯洁的灵魂，倍加珍视每一段来之不易的友谊，以赤诚之心对待他人，全力以赴构建一个肝胆相照的人际网络，携手并肩共铸美好未来。

2023年高考语文（天津卷）作文《从无字句处读书的力量》的思维导图

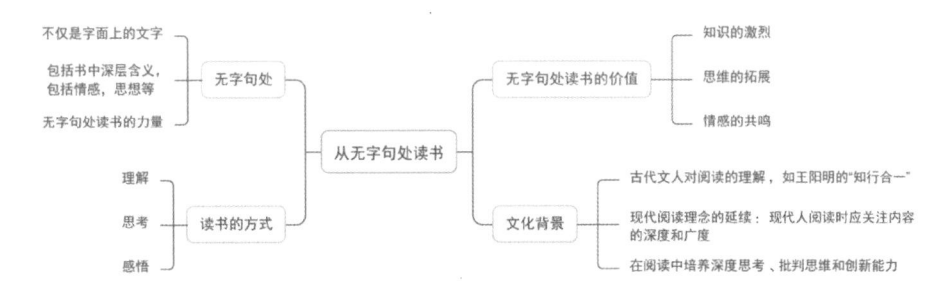

作文实例

从无字句处读书的力量

"从无字句处读书"，就像一道智慧的灵光，蕴含着极为深刻的哲学意蕴，强调了阅读范畴的广阔性与多元性。它绝非仅仅局限于传统意义上捧卷而读的形式，而是涵盖了对生活万象、人生经验、丰富情感以及复杂社会现象等诸多方面的敏锐观察与深邃思考。

真正意义上的阅读，其核心不仅在于摄取信息，更在于能从无形无质的环境中源源不断地汲取智慧的滋养，进而培育出深刻且敏锐的思考能力。

阅读的重要性不容置疑。阅读向来是获取知识的关键路径，更是拓展思维深度与广度的有力手段。透过阅读，我们得以与各种迥异的思想碰撞，领略多元的文化风采，接纳不同的价值观念，从而极大地开阔视野，丰盈内心世界。而"从无字句处读书"的可贵价值就在于，它时刻提醒着我们要对生活中的每一个细微之处保持关注，通过细致的观察与深入的思考，塑造出独属于自己的独到见解。

譬如，孔子周游列国，虽未手执书卷，却在与各国人士的交流互动、对各国社会民情的观察中，领悟到诸多治国安邦、为人处世的道理，并形成了影响后世的儒家思想。又如，达尔文在长期的野外考察中，对动植物的生长变化、物种的演化规律进行观察和思考，最终提出了进化论。在日常生活里，我们能够从人与人之间的交流互动、社会现象的动态变化、自然环境的微妙演变中，获取深刻且极具启示性的感悟。这种能力不仅在学术领域让我们获益匪浅，更在情感塑造和道德修养层面有力地推动了个人的成长与完善。

然而，身处现代社会，阅读遭遇了诸多棘手的难点与严峻的挑战。信息爆炸导致过载现象极为严重，浩如烟海的信息如汹涌浪潮般涌来，令人感到茫然失措，难以从中精准筛选出真正具备价值的核心内容。加上碎片化阅读大行其道，众多现代人习惯于在短时间内快速浏览新闻资讯、社交媒体上的简短消息，致使对篇幅较长、内容深邃的作品阅读兴趣锐减，难以深入其中进行透彻的理解与思考。人们对事物本子的思考减退，浅尝辄止的阅读观念逐渐蔓延，使得人们很难构建起系统完备的知识体系，极度缺乏深入思考和审慎反思的能力。

大家在短暂的信息获取中，往往忽略了对知识的深度挖掘和对自身思维的锻炼。

直面这些艰巨的挑战，我们应当积极主动地探寻行之有效的解决方案，力求在阅读过程中培育深度思考、批判性思维以及创新能力。向广阔的大自然，向万象百态的社会，向芸芸众生学习，紧密结合实际生活，展开"无字句处"的阅读，激励自己敏锐观察周边的事物，勇于提出疑问，并展开深入思考。

"从无字句处读书"所蕴含的力量，不仅源自书本中的知识积累，更扎根于对生活中每一个细微环节的悉心观察与深度思考。在信息如洪流般奔涌的现代社会，我们更需要坚守对真理的执着追求，培育深度思考和批判性思维，以从容应对繁杂多变的现实挑战。在持续深化的阅读之旅中，我们不仅能够获取丰富的知识储备，更能够锤炼出独立思考的卓越能力，提升创新创造的水准，成长为更为全面发展的个体。让我们在生活的每一个角落，都能敏锐地捕捉到阅读所赋予的强大力量。

第六章

怎样在教学实践中解决问题

解决教师不会教写作的问题

一、自学作文五步法

本书详细介绍了写作的基本步骤和技巧，能够帮助教师掌握教授写作的基本知识和方法。确实，教师认真自学《作文五步法》这本教学论著是非常重要的一步，它可以帮助教师建立起作文教学的基本框架和方法。然而，为了进一步解决教师不会教写作的问题，还可以考虑以下措施。

1.提供专业的写作教育培训。学校或教育机构可以组织专门的写作教育培训，邀请写作教育专家授课，帮助教师深入了解作文教学的理论和实践，并提供实用的教学案例和策略。

2.提供教学资源和教材。学校可以提供丰富的作文教学资源和教材，如范文、写作指导手册等，供教师参考和使用。这些资源可以帮助教师更好地教授写作，并为学生提供写作范例和指导。

二、制订教学计划

教师根据《作文五步法》中介绍的步骤和技巧，制订教学计划。教师可以结合教材和学生的实际情况，设计不同难度和类型的写作任务，让学生逐步掌握写作的基本技能。

以下是一些具体的步骤。

1.确定教学目标。教师首先需要明确教学目标，例如提高学生的写作技巧、培养学生的写作兴趣等。这样可以帮助教师更好地制订教学计划和教学活动。

2.设计教学活动。根据《作文五步法》中的步骤和技巧，教师可以设计一系列的教学活动，如讲解写作的基本要素、示范写作、小组讨论、写作练习等。教师可以根据学生的写作水平和需求，选择合适的教学活动。

3. 提供范文和写作指导。教师可以提供一些优秀的范文给学生，让他们学习和模仿。同时，教师要提供具体的写作指导，如何组织文章结构、如何运用丰富的词汇和句式等。

4. 实施教学计划。教师根据制订的教学计划，有计划地进行作文教学。教师可以利用课堂时间进行讲解和示范，指导学生进行写作练习，同时提供及时的反馈和指导。

5. 评估学生的写作成果。教师可以通过评估学生的写作成果，了解他们的写作水平和进步。

教师可以采用不同的评估方式，如作业评分、个人反思等，以便及时调整教学策略和提供个性化的指导。

三、用作文五步法给学生提供写作指导与反馈

在教学过程中，教师可以给学生提供写作指导和反馈，可以在课堂上进行写作指导，帮助学生了解写作步骤和技巧，提供写作范例和示范，激发学生的写作兴趣和创造力。同时，可以在学生完成作文后，教师及时给予评价和反馈，指出学生的作文中优点和不足之处，帮助他们不断改进和提高。

四、不断学习和改进

教师通过不断学习和改进，提高自己的教学水平和写作能力。可以参加写作培训课程或读与写作相关的书籍，了解最新的写作技巧和方法，不断提升自己的写作能力和教学水平。

1. 提供教学指导和反馈

学校可以安排专门的作文教学指导人员，为教师提供个性化的教学指导和反馈。这样可以帮助教师发现自身的教学盲点和不足，并提供相应的改进建议。

2. 建立写作教研团队

学校可以组建写作教研团队，由一些擅长作文教学的教师组成，共同研究和探讨作文教学的最佳实践，相互交流和分享经验，为其他教师提供支持和指导。

3. 提供作文教学示范课程

学校可以安排专门的作文教学示范课程，邀请优秀的写作教师进行示范授课。这样可以让其他教师亲身体验优秀教师的教学方法和技巧，从中学习和借鉴。

五、作文五步法的示范引领作用

作文五步法的成功应用和语文成绩的提高，打消了好多教师对一些模式化教学的顾虑。教师觉得有模式和序列比没序列要好，在实践中用过"五步法"以后才发现，这个"五步法"布局不但不是一个死的模式，而且能活学活用，灵活自如。

作文水平有了明显提升，学生在阅读理解和作文方面的考试成绩有了质的飞跃。实践了作文五步法的学校和班级在教学质量评价考试中多次荣获县、市级一、二等奖，得到上级部门的认可和表彰，更是在同行中引起了巨大的反响。很多学校纷纷联系，希望展开教研联动和培训作文教学"五步法"。

"双减"形式下，学生的作业负担减少了，校外培训也减少了。教师要求学生坚持每天课外阅读，鼓励学生准备一个摘抄本，随时摘抄课内课外遇到的好词佳句。家长有更多的机会带领孩子走出家门，观察身边发生的事物，孩子可以更广泛接触社会，参加社会实践活动。这些有益的活动，都可以激发孩子更加热爱生活，开辟感受生活的途径，拓宽写作的渠道，激发写作的热情，产生一吐为快的创作欲望，把目之所见、耳之所闻、心之所动的事物记录下来，写出真实、鲜活、具有真情实感的作文。这一切都是作文五步法所倡导的。

六、通过作文五步法进行教学反思

1. 对作文教学的认识不足

目前还有好多教师没有理解什么是真正的作文教学。不知道方式方法其实并不重要，重要的是教师本人的教育理念。教师还存在为了应试教育投机取巧、饮鸩止渴、杀鸡取卵式的教学，这是对学生天性的扼杀。

2. 对教师三问：教师阅读吗？写作吗？思考吗？

很多教师自己不阅读，没办法通过阅读帮助他们的思想之树成长，让它枝繁叶茂；很多教师自己不写作，却在教学生写作，教师自己甚至不会写。教师起什么作用？出题？批改？教师出力了，却没有出到该出的地方。一个不思考写作的语文教师,意味着他自己没有思想或者说他的思想生命尚处于沉睡状态,意味着他无法也不可能去唤醒学生的生命意识。

3. 作文五步法是一个完整的过程

经过积累、体验、构思、写作、修改、反馈、再修改的完整过程，学生在习作能力方面才会提高，才会有真正的收获。教师往往只注意到这个过程中的一小部分，而把大部分甚至重要的环节给忽视了。在作文教学过程中，教师要把听、说、读、写训练的内容放在统一层面上，形成一套较完备的作文教学法。

4. 建立全面、系统的作文教学模式

教师应该建立一种全面、系统的作文教学模式，从学生的思维能力、情感体验和文化修养等多方面入手，使学生能够全面地提高自己的作文水平。

5. 与实际情况相结合

作文教学应该与学生的实际情况相结合，根据不同地区、不同文化环境的学生的情况，采取不同的教学方法和策略。

6. 重视作文教学的培养

学校和教育部门应该重视作文教学的培养，提高作文教学的地位和重要性，加强对作文教学的研究和探索。同时，还需要为教师提供相关的培训和教材，提高教师的作文教学水平。

解决学生对写作不感兴趣的问题

一、作文五步法的实施策略

作文五步法是一种基于"体验、实践、合作、创新、共享"理念的教学模式。该方法分为"一读、二话、三练、四改、五评"五个环节，每个环节都有自己的特点和重要性。以下是作文五步法的实施策略。

第一步：体验

在这个阶段，教师需要设计一个与主题相关的情境，让学生沉浸在语言环境中，感受和理解主题的内涵。例如，要求学生去实地考察、观察、感受或阅读相关文献等方式让学生能够在情境中获得真实的体验。

第二步：实践

在体验的基础上，学生需要进行实践探索。在这个阶段，学生会尝试用自己的语言表达出自己的观察、感受和思考。教师需要通过个别或集体辅导的方式，指导学生如何表达，在此基础上让学生逐渐形成自己的语言风格和思维习惯。

第三步：合作

学生需要在群体中合作交流，通过角色扮演、小组讨论或写作指导等方式进行合作学习。在这个阶段，学生可以分享自己的想法和经验，通过互相促进，共同提高写作能力。

第四步：创新

在合作的基础上，学生应该思考如何进行创新，如何让自己的写作更加独特而富有创意。教师可以组织学生进行文学赏析、文学创作或写作评比等活动，培养学生的创新能力。

第五步：共享

学生需要将自己的作品与他人分享。教师可以选择学生的优秀作品进行展示和分享，鼓励学生在公开场合发表自己的写作。这样不仅能够提高学生的自信心和表达能力，还能够加强学生的写作积极性。

二、用作文五步法解决学生对写作文不感兴趣的问题

作文五步法是一种系统化的作文教学方法，通过它可以激发学生对写作的兴趣，提高学生的写作能力。以下是通过作文五步法来解决学生对写作不感兴趣这个问题的方法。

1. 创造良好的学习氛围

教师通过亲和力、幽默感、耐心等方式，创造一个轻松、有趣的学习环境，让学生对学习写作更加感兴趣。

2. 引导学生发挥自己的想象力和创造力

在"二话"阶段，教师引导学生进行小组讨论，通过互动交流的方式来激发学生的想象力和创造力，让学生感受到写作的乐趣。

3. 培养学生的自信心

在"四改"阶段，教师可以要求学生口头表达自己的作文，并让其他同学进行评价和反馈。通过这样的方式，学生逐步提高自我反思和自我纠错能力，从而增强自信心。

4. 赋予学生写作的意义和价值

教师通过讲解写作的重要性、应用场景等方面，让学生理解写作的意义和价值，从而增强学生对写作的兴趣。

5. 鼓励学生多读多写

教师可以鼓励学生多读优秀的作文，从中学习优秀的写作技巧，同时也可以鼓励学生多写，让学生通过实践提升自己的写作能力。

解决学生缺乏创造力的问题

教师在作文五步法的"一读、二话"环节中，用头脑风暴和思维导图帮助学生解决缺乏创造力的问题。

一、头脑风暴

在"一读、二话"环节中，头脑风暴的主要目的是帮助学生快速产生大量的想法，以便后续的写作。为了激发学生的创造力，教师可以使用各种方法，例如，提供一些启发性的问题让学生自由联想，让学生用不同的角度思考等。学生应该尽可能多地列出与主题相关的想法，然后进行筛选和整理。

二、思维导图

在筛选和整理想法的过程中，可以使用思维导图来组织和连接这些想法，以便更好地进行后续的写作。思维导图可以帮助学生更清晰地表达他们的想法，同时也可以帮助他们扩展视野，发现新的想法。例如，学生可以将相似的想法放在相同的分支上，将不同的想法放在不同的分支上。

通过头脑风暴和思维导图，学生可以更自由地思考问题，产生新的想法，并将这些想法组织成一个完整的思维框架。这可以帮助学生解决缺乏创造力的问题，并提高他们的写作能力。

解决学生语言表达能力较差的问题

一、说话与写作的本质要求是自由

回归习作，就事论事。如何让读、写衔接？为什么要让学生说话？在作文教学中，教师的作用非常简单，就是给学生提供言说的空间、言说的自由。学生的思想需要牧养，而不是圈养。失却了自由，也就失却了思想，而失却了思想，也就失却了真实的写作。只有拥有说话的自由，只有拥有了写作的自由，才会在学生的笔下展现出自我世界的精彩。好的作文是语言表达的具体形式。

二、加强听话和说话的能力

通过作文五步法教学中的听话、说话的方法，教师可以有效激发学生的潜能，注重学生的情感体验，同时也可以解决学生语言表达能力较差的问题。

1. 在"一读"环节

教师可以采用讲解、解释等听话方式，帮助学生更好地理解题目要求和内容。教师也可以鼓励学生多说话，通过口头表达来梳理其思路和想法，提高语言表达能力。

2. 在"二话"环节

教师引导学生进行小组讨论，通过互动交流的方式来激发学生的想象力和创造力。教师要求学生在小组内进行口头表达，让学生通过说话来锻炼语言表达能力。

3. 在"三练"环节

教师采用听力训练的方式，让学生听录音、听故事等，提高学生的听力理解能力。教师要求学生在写作前进行口头表达，通过说话来梳理自己的思路和想法，帮助学生更好地展示自己的观点和思路。

4. 在"四改"环节

教师可以要求学生口头表达自己的作文，并让其他同学进行评价和反馈。这样的方式可以让学生在口头表达中发现自己的不足和提高空间，同时也可以锻炼学生的自我反思和自我纠错能力。

5. 在"五评"环节

教师可以采用听力评价的方式，让学生听教师的评价和建议，并进行反思和总结。这样的方式让学生逐步提高自己的听力和语言表达能力，同时也让学生更加深入地理解作文写作的规律和技巧。

通过以上方法，教师在教学中注重听话、说话的训练，帮助学生提高语言表达能力，激发学生的潜能，注重学生的情感体验。教师还可以注重学生的情感体验，让学生在写作中表达自己的真实想法和感受，让作文更加生动、有趣、有意义。这一方法还可以解决学生语言表达能力较差的问题，通过逐步练习、查错改正，帮助学生提高语言表达能力和写作水平。

如何科学应用作文五步法

一、了解写作是什么

写作是把学生生活化的口语，经过教师指导、学生自纠变成"规范的、精致的、高级的、优雅的口语表达"（肖川《语文的视界》）。为把口头语转化成独立成篇的有主题、有构思、有剪裁选材、讲究语言风格的文章，符合语文课注重"语"（口语表达）和"文"（书面表达）的基本要求，作文五步法是教师培养学生写作能力的必要条件和不可或缺的方法。

作文五步法帮助师生找回真实的写作。说真话师生都不累，师生都认为还是写出真话好。

作文五步法在小学和中学阶段可以分以下几个时期。

培育期：小学一、二年级。用一节课可以单独进行听话、说话、写话环节。

成长期：小学三、四年级。用三节课全过程练习。

成熟期：小学五、六年级。重点在四改和五评环节。

拓展期：中学六年。可以灵活操作，既可分步实施，也可整体应用，还可放在整个学程或学期的习作活动中。

在日常作文教学中，长期应用作文五步法前三步训练；在应试模拟期时继续前三步，强化后两步；在考试检验期时注重内容、结构、语言、文体、中心思想、真情实感、创意、新见解、论点论据等。

二、基于学情的作文教学

1. 教师关心：提升学生的写作能力，尤其是提升学生的应试能力。

2. 学生实际：学生作文写不长，什么原因？学生表达很生硬，什么原因？

3. 理想的写作基于学情：越是应试越要研究学情，这是个规则。教师要知道学生的写作状态和问题。

4. 违背学情的作文教学：为什么描写不具体？如何才能描写具体？为什么描写不够具体中心不够突出？作文教学经常忽略学生在写作中的关键问题，这一系列问题在作文教学中并没有得到确切的研究。

三、怎样化繁就简写作

作文五步法的初衷是让师生从繁重且低效的作文教学中摆脱出来。但是，还有语文教师在课堂上大量罗列相关写作理论知识，这说明对作文五步法理解不透，认识不足。教师要将抽象的理论知识具象化，放到具体的情境中，才能易于学生理解，否则学生越发不会写作。对待问题作文不能一味找问题，要多一些理解、宽容和等待，要善于发现亮点，加以鼓励。这样有温度的批改远比将学生作文改得"面目全非"有效。

四、传统作文教学中存在的问题

传统的作文教学通常采用传授范例、灌输知识的方式，但存在以下问题。

第一，淡化了学生的主体性。传统的作文教学忽视了学生的个性化和多样性。在一味地灌输规范化的写作技巧和模板式构思下，学生的自主性受到了限制，他们难以展现出自己独特的创造力。

第二，眼高手低，难以转化为实际应用。传统的作文教学很多是形式化的，要求学生写出花言巧语的作文，但往往没有考虑到作文实际应用的情况。这导致学生的写作成为纯粹的功利化行为，缺少实际意义。

第三，注重形式而不注重内容。传统的作文教学往往注重作文的形式结构，而忽略了作文的内容。一味地追求作文架构和语言表达的高大上，很容易忽略作文的主题和思想，而这正是写作的核心所在。

第四，过于注重琢磨细节而不注重综合能力。传统的作文教学注重细节的把握，例如要求学生写的作文需要用到一些固定的词和句型，同时要求学生使用正确的标点符号和语法。但教师应该注重的是作文的整体性，包括作文的思路、结构、意义等，要用综合能力分析作文的优劣。

五、作文五步法是一种教学方法，而不是教条

作文五步法是一种简单实用的写作方法，它通过五个环节指导学生写作，包括阅读、对话、练习、修改和评价。这五个环节相互关联、相互促进，从而帮助学生提高写作水平。

阅读是写作的基础。在这一环节中，学生需要阅读优秀的文章，学习文章的结构、表达方式和写作技巧。在"读"的时候，学生应该选择优秀的文章来阅读。优秀的文章不仅可以提高学生的语感和写作灵感，而且可以为学生提供好的写作模板。但是，不同年龄段的学生有不同的理解能力和阅读能力。因此，教师应该根据学生的实际情况选择适合他们的文章。

对话是写作的催化剂。在这一环节中，学生需要与教师、同学或其他人员进行交流，分享自己的想法和见解。教师要求学生在写作中要有话可说，不憋文。在实际操作中，学生通过小组讨论、演讲等方式激发自己的写作灵感，找到自己要写的内容。教师也应该鼓励学生多思考、多观察，从生活中汲取灵感。

这有助于激发学生的创作欲望，并为他们的写作提供素材。

练习是写作的关键。在这一环节中，学生通过不断的练习掌握写作技巧，提高自己的写作能力。但是，教师应该根据学生的实际情况来布置作文题目，不能过多或过少。同时，教师还应该为学生提供有针对性的指导，帮助他们解决写作中遇到的问题。学生需要经常进行写作练习，熟悉写作技巧和表达方式。这有助于提高学生的写作能力。

修改是写作的必要环节。在这一环节中，学生可以找出自己作文中的不足之处，并进行改进。在实际操作中，学生通过自我修改、同学互改等方式来发现自己作文中的问题。但是，教师要注意不能对学生的作文进行过多的修改，否则可能会影响学生的写作思路和风格。

评价是写作的保障。在这一环节中，可以帮助学生总结经验教训，提高自己的写作水平。在实际操作中，教师可以通过对学生的作文进行点评，帮助他们发现自己作文的优点和不足之处，并指导他们如何改进。但是，教师要注意不能以分数来衡量学生的写作水平，而应该以学生的写作进步为评价标准。学生需要对自己的作文进行评价和总结，发现自己作文的不足之处并加以改进。这有助于帮助学生提高自我反思和自我评估的能力。

然而，作文五步法只是一种方法而不是教条，在实际操作中要活学活用不能把教师和学生捆死。在使用作文五步法时，需要根据学生的实际情况和教学目标进行调整和改进。例如，在阅读环节中，不仅可以让学生阅读大量的文章，还可以让他们欣赏一些优秀的电影、电视剧等。在练习说话环节中，不仅可以让学生练习口语表达，还让他们进行一些写作练习。在练习写作环节中，不仅让学生写作文，还让他们进行一些改写、扩写等练习。在修改环节中，不仅让学生自己修改，还让他们互相修改、教师指导修改等。在评价环节中，不仅让学生了解自己作文的优点和不足之处，还要互相评价、教师评价等。

首先，教师需要充分了解作文五步法的内涵和操作方法，避免急功近利、盲目运用。其次，教师需要针对不同类型的作文题目，灵活运用作文五步法，不能机械地套用。最后，教师需要时刻关注学生的写作情况，及时进行指导和帮助，确保学生能够按照作文五步法的要求进行写作训练。

作文五步法是一种有效的写作训练方法，可以帮助教师提高学生的写作水平。但是，在使用作文五步法时需要注意灵活运用，不能机械地套用。此外，教师还需要不断提高自己的写作能力和教学能力，不断探索新的教学方法和手段，从而更好地指导学生写作。

参考文献

[1] 肯尼思·J. 格根. 关系性存在: 超越自我与共同体 [M]. 杨丽萍, 译. 上海: 上海教育出版社, 2017.

[2] 魏书生. 好学生. 好学法 [M]. 南京: 译林出版社, 2013.

[3] 朱锦莲. 小学高年级作文教学策略浅析 [J]. 课外语文, 2017, 12（5）: 141.

[4] 孙敬. 探究小学语文教学中学生写作兴趣的激发与培养 [J]. 花溪, 2021, 30（1）: 189-190.

[5] 马瑞芳. 小学语文教学中学生写作兴趣的培养 [J]. 语文课内外, 2021, 05（11）: 245-245.

[6] 蒋红花. 聚焦核心素养, 多维并举, 构建小学语文高效课堂 [J]. 小学生作文辅导（语文园地）, 2021（11）: 33-34.

[7] 陈磊. 新课改下小学语文作文教学的有效途径 [J]. 新作文: 教研, 2020（1）: 163.

后 记

20世纪90年代，我们从师范学校毕业，成了少数民族地区的乡村语文教师。面对课堂教学和学生的习作水平，面对连基本的语言基础都欠缺的少数民族学生，我们怎样才能使学生写出自己的真情实感？是什么阻碍了学生表达自己的真情实感？我们产生了一种疑问和想法：为什么教材本身和相关的教师用书、教辅资料对基础知识的教学都提供了各种详细的方法或模式，而对作文教学却没提供一种可以借鉴的方法呢？经过几年的语文教学实践，我们发现语文教学，尤其是作文教学存在的问题与现行的教学模式和应试教育有关系。

于是我们寻找"病根"。教材和教师用书通常更关注基础知识的传授和学习方法，而对作文教学通常没有给出详细的教学方法和指导。这是因为作文教学更注重培养学生的创造力和表达能力，较难用固定的方法和模式进行规范。

教辅资料在一定程度上提供了作文教学的指导和范例，但多数没有系统地介绍作文教学的方法和技巧。这也可能是因为作文教学更强调个体差异和创造性，难以用通用的方法来规范。

现行的教学模式和应试教育普遍注重知识记忆和应试技巧的培养，对作文这种更加开放和主观性强的教学可能没有给予足够的关注。作文教学需要培养学生的思维能力、观察力和表达能力，这与应试教育的注重程度不同。

作文教学注重培养学生的个体差异和创造性。每个学生都有独特的思维方式和表达方式，难以用统一的方法规范。因此，作文教学更强调教师的引导和学生的实践，而非固定的教学模式。

在二十几年实践中，我们引导学生进行多样化的写作练习，包括议论文、说明文、记叙文等不同类型的作文。引导学生大胆地发言说话，以培养学生的表达能力和思维方式。鼓励学生进行创意写作，如写小说、诗歌等文学作品，以激发学生的创造力和想象力。通过作文五步法的五个环节，我们为学生提供具体的写作指导，如何构思、组织文章结构、运用修辞手法等，以帮助学生提高写作水平。我们给予学生充分的反馈和评价，帮助他们发现自己作文的优点和不足，并提供具体的改进建议。

我们从1994年开始摸索作文教学创新，经过5年的探索，于1999年在市级教育刊物发表了《一读二话三练四改五评法》的初步观点，并在学校实践。我们以该课题获得县级教学能手奖。于是，我们坚持14年在本校完善并实践作文教学五步法。2008年该课题完成研究开始推广，确定课题为"撒拉族地区小学作文教学创新与实践——作文教学'五步法'"，并于2016年获得首届青海省教学成果奖的二等奖。之后，为了能在广大的地区分享和推广，我们又把课题扩大，更名为"作文五步法"，研究和实践的范围从小学和初中之外延伸到高中阶段，并继续实践。

《作文五步法》一书的立题和理论部分主要由马明全撰写，课堂实践部分主要由苏惠萍撰写。我们分工有侧重，但是也密切配合。力求本书理论的系统性和完整性相统一。

作文五步法的成功应用和语文成绩的提高打消了教师对模式化教学的顾虑。作文五步法不仅提供了一个清晰的教学框架，使得教学过程更加有序和系统，还能够帮助学生逐步理解和掌握知识，提高学习效果。同时，作文五步法的布局也是灵活自如的。教师根据具体的教学内容和学生的学习情况进行调整和拓展，使得教学更加适应学生的需求和特点。好多教师觉得有模式和序列比没序列要好，在实践中用过以后才发现，这个"五步法"布局不但不是一个死的模式，而且能活学活用，灵活自如。

通过"五步法"的引导和指导，学生在写作过程中能够有一个清晰的思路和结构；教师能够系统地传授写作技巧和表达方法，帮助学生形成正确的写作观念。通过"五步法"进行作文教学的学校和班级在教学质量评价考试中多次取得好成绩，荣获县、市级一、二等奖。这不仅得到了上级部门的认可和表彰，也在同行中引起了较大的反响。其他学校纷纷联系，希望展开教研联动和培训

后 记

作文教学"五步法"。这表明"五步法"在教学实践中的有效性和可行性得到了广泛认可,并且在提高学生作文水平方面取得了显著效果。

学生在阅读理解和作文方面的考试成绩的质的飞跃也是"五步法"成功应用的体现。通过"五步法"的有序展开,学生能够逐步提高对语言的理解和运用能力,从而在阅读理解和作文方面取得更好的成绩。这也是"五步法"在提高学生综合语文素养方面的重要作用。

作文五步法虽然不是什么高大上的教育理论和前沿性的课题,但它值得每个语文教师借鉴学习。经过我们二十多年的摸索和课堂实践,作文五步法对作文教学和写作具有了相当强的指导性,可以说是通过了"临床试验",可以正式推广应用。鉴于此,我们花费了大量的时间和精力,把二十几年的课题研究转化成这一部专著,想把教学生涯的一些心得和体会留下来,供同行一起探讨和改进。

通过本书的写作和整理,我们相信作文教学会有更多的改进和创新。我们希望本书能够为广大语文教师提供一些有价值的参考和借鉴,帮助他们更好地开展作文教学工作,培养出更多具有优秀写作能力的学生。同时,我们也期待更多的学者和教育工作者能够关注和研究作文教学,共同推动写作教育的发展。

撰写《作文五步法》这部教学论著之后,我们深感自己的能力有限,才疏学浅,对于作文教学的研究和实践还有许多不足之处。在整个写作过程中,我们不断发现自己的不足和漏洞,也意识到教学论著只是作文教学研究的一小部分,远远不能涵盖所有的知识和技巧。

首先,我们承认自己的作文教学经验和实践还不够丰富。虽然我们在教学中一直注重作文教学,但是由于时间和资源的限制,我们无法接触到更多的学生和不同的写作场景。因此,在作文教学的具体操作和策略上,我们还有很多需要探索和学习的地方。

其次,我们也发现自己的理论知识和研究还有欠缺之处。作文教学是一个复杂而庞大的领域,需要有扎实的理论基础和深入的研究。然而,由于时间和能力的限制,我们所能掌握和了解的知识只是冰山一角,远远不能满足作文教学的全面需求。

此外，由于本书的篇幅所限，我们无法详尽地探讨每个写作技巧和方法的细节，有时候会出现一些概念的不准确或者解释不清的情况，也可能存在观点片面性或者过于主观的倾向。

尽管有以上的不足，但我们相信本书仍然有一定的价值和意义。它是我们对作文教学的再次总结和反思，也是对作文教学的再次尝试和探索。希望本书能够引起更多教育工作者和研究者对于作文教学的关注和研究，共同推动写作教育的发展。虽然我们努力在本书中呈现我们对作文教学的理解和探索，但我们也深知自己的能力有限。因此，我们由衷地希望大家能够对本书提出宝贵的意见和建议。无论是在理论框架的完善，还是在教学案例的补充上，我们都非常欢迎大家的参与和贡献。只有通过大家的集思广益，我们才能够更好地改进和完善本书，使其真正对作文教学起到积极的推动作用。

《作文五步法》一书能够得以整理出版，得益于许许多多的人对我们的关爱和支持。

首先，我们感谢曾经传授给我们知识的所有教师，是他们使我们成为有知识、有文化的人。我们也感谢那些对我们有过教学指导和引领的教师前辈，是他们让我们萌发了作文教学研究的初衷，也是他们给我们提供了作文教学研究的基础。

其次，我们要感谢我们的同事。在该课题研究和摸索阶段，他们给予了我们长时间的配合，是他们的课堂实践使我们掌握了更多的一手资料和课堂经验。写作本书的过程中，他们给予了我们无私的帮助和支持。无论是在研究思路的探讨，还是在写作技巧的讨论上，他们都给予了我们宝贵的意见和建议。他们的智慧和才华使得本书更加丰富和有深度。

最重要的是，我们要感谢我们每一届的学生。正是因为你们的参与和反馈，我们才能够更深入地了解作文教学的实际需求和问题。你们的积极性和努力让我们更加坚定了作文教学的信念和研究方向。每一个学生的成长和进步，都是我们写本书的动力和追求。

在这里，特别感谢中共青海省委人才工作领导小组给予本书作者之一的马明全2021年度青海省"昆仑英才·文化名家暨'四个一批'拔尖人才"称号，

后 记

并给予经费支持，使本书的撰写和整理以及出版有了资金保障。

最后，我们感谢家人和亲友一如既往地支持鼓励我们在追求学问的道路上勇往直前，乐此不疲，成为对社会有用的人。

马明全　苏惠萍